Retail coaching. Estrategias de gestión comercial

avanza editorial

Editado por:
EDITORIAL FAE, S.L.U.
Correo electrónico: editorial@editorialfae.com

Retail coaching. Estrategias de gestión comercial
Beatriz Coronado

1ª Edición

ISBN: 978-84-1135-368-7

Impreso en España

Índice

Módulo. 1. Retail coaching. Estrategias de gestión comercial

Módulo 1. Retail coaching. Estrategias de gestión comercial

Introducción

Hoy en día el sector en el comercio se ha producido una gran evolución tanto a nivel de técnicas para obtener beneficios como técnicas de compra. Ante las nuevas necesidades que surgen nace la figura del *mistery shopper* para realizar así una evaluación del personal cuando realiza sus diferentes ventas.

Otro tema importante que podremos ver son los objetivos y el diseño de un plan de acción enfocado ya que esto se traduce en mayores beneficios. A través del uso de herramientas como los objetivos SMART, los KPI, la segmentación de mercado (a destacando herramientas informáticas), junto con una atención personalizada y una experiencia omnicanal coherente se obtienen estos resultados.

Además, la evaluación del rendimiento en el punto de venta es esencial para tomar decisiones correctas y promover la mejora continua. En el marco del *Retail Coaching*, reestructurar y examinar indicadores clave de resultados permite identificar puntos fuertes, áreas a mejora y guiar las acciones del equipo para alcanzar las diferentes metas propuestas por la empresa.

En la última parte de este módulo, se muestran varios ejemplos prácticos donde se aplica todo lo que se ha aprendido a lo largo del módulo.

Objetivos

- Identificar los fundamentos del *retail coaching* y su evolución como disciplina diferenciada dentro del comercio minorista.
- Comprender cómo se aplica el *retail coaching* en la gestión de equipos, el análisis de indicadores y la adaptación a los nuevos retos del entorno comercial.
- Comprender cómo las habilidades sociales del equipo influyen en la fidelización, la resolución de objeciones y la generación de experiencias positivas en tienda.
- Identificar y formular objetivos comerciales claros y medibles utilizando el modelo SMART, ajustados al comportamiento del cliente y al contexto del mercado.
- Aplicar estrategias de coaching como el modelo GROW, el cuestionamiento y el *feedback* para mejorar el desempeño individual y colectivo del equipo de ventas.
- Optimizar la organización del tiempo en el punto de venta mediante técnicas de priorización, reducción de distracciones y uso de herramientas digitales.
- Conocer herramientas prácticas para interpretar y organizar estos indicadores con el fin de mejorar el rendimiento, la atención al cliente y la eficacia operativa.
- Analizar el uso práctico de estas herramientas para detectar fortalezas, necesidades formativas y oportunidades de mejora en equipos de venta.
- Identificar y analizar situaciones en el entorno comercial que requieran intervención desde el enfoque del Retail Coaching.

i

1. Concepto del *Retail - Coaching* y su aplicación en comercio

En las últimas décadas, el sector minorista ha experimentado cambios acelerados derivados de la transformación digital, la evolución de los hábitos de consumo y la necesidad de diferenciarse a través de la experiencia del cliente. En este contexto, surge el *retail coaching* como una herramienta estratégica para alinear el desarrollo personal de los equipos con los objetivos comerciales de las tiendas.

Lejos de ser una moda pasajera, el *retail coaching* se ha consolidado como una metodología de entrenamiento continuo que integra técnicas de coaching profesional, programación neurolingüística (PNL) e inteligencia emocional. Su origen se encuentra en la necesidad de fortalecer la motivación, el compromiso y la autonomía de los trabajadores en el punto de venta, logrando así un rendimiento más sostenible y una mejor atención al cliente.

1.1. Historia

El **retail coaching** es una metodología de entrenamiento continuo aplicada al entorno comercial, especialmente en el punto de venta, que combina técnicas de coaching profesional, inteligencia emocional y programación neurolingüística para mejorar el rendimiento de los equipos de tienda. Su objetivo es alinear los objetivos de la empresa con las metas individuales de cada vendedor, fomentando la motivación, la autonomía y el compromiso a través de sesiones estructuradas, *feedback* constante y seguimiento de indicadores clave.

Anotación

A diferencia de la formación tradicional o la consultoría externa, el *retail coaching* se integra en la gestión diaria y se enfoca en potenciar el valor humano como factor diferencial en la experiencia de compra.

El **retail coaching** surge en las dos últimas décadas como una respuesta a los retos del comercio minorista moderno. Nace de combinar principios del coaching ejecutivo y ventas con técnicas de programación neurolingüística (PNL) e inteligencia emocional adaptadas a la tienda. Por ejemplo, Benoît Mahé (Director General de CapKelenn Retail Coaching), lo define como un método para aumentar la productividad de los vendedores, en base a compromiso y formación. Ya en 2012, Mahé explicaba el *retail coaching* como "un estilo de *management* basado en la confianza y la consideración al colaborador", describiéndolo como el "Safety Car" de la tienda que ayuda a ordenar las bases de la gestión para acelerar sobre cimientos sólidos.

En el contexto del *retail coaching*, la metáfora del "Safety Car" hace referencia a una figura que reduce la velocidad para reordenar el equipo, asegurar el control y preparar para volver a acelerar con más solidez y dirección.

Fig. 1. En automovilismo, el Safety Car entra en pista cuando hay riesgo, caos o desorden: agrupa a los coches, reduce el ritmo y permite restablecer el control antes de reanudar la carrera. De forma equivalente, en una tienda, el retail coaching actúa como ese elemento estabilizador

Cuando hay desmotivación, rotación de personal, baja conversión en ventas o desorganización interna, el *retail coaching* no busca acelerar de inmediato ni imponer cambios forzados. Primero **ayuda** al equipo a alinearse, reflexionar, fijar prioridades, entender indicadores y recuperar confianza, para luego retomar el ritmo con mayor eficacia.

Es decir, el *retail coaching* funciona como un **paréntesis** activo y estratégico que permite que el punto de venta vuelva a funcionar con más claridad, enfoque y energía, evitando decisiones impulsivas y reforzando los cimientos humanos del negocio.

Este enfoque surgió en un contexto de **alta competencia y crisis en el consumo**, cuando las cadenas de *retail* necesitaban mejorar resultados revisando procesos y motivando a sus equipos. Sus influencias incluyen el *coaching* gerencial tradicional, la psicología de la venta y prácticas de gestión continua. Por ejemplo, se incorporó la metodología **GROW** (objetivos, realidad, opciones, voluntad) y el cuestionamiento constante como herramientas de eficiencia organizacional. También aprovechó conceptos de PNL para detectar "creencias limitantes" en los vendedores (como "si ya vendí un artículo, no es necesario ofrecer otro") y superarlas para mejorar su desempeño.

Con el tiempo el *retail coaching* se institucionalizó mediante libros y programas formativos especializados. Desde comienzos de los 2010, maestros de venta y consultoras del sector lo incluyeron en planes de formación. Por ejemplo, las ediciones actuales de libros dedicados a esta disciplina destacan su carácter interdisciplinario (*coaching* + PNL) y su relevancia tras la crisis global de consumo. Así, lo que nació como un método de mejora puntual se ha consolidado en toda Europa y Latinoamérica como una nueva disciplina en la gestión comercial.

1.2. Identificación del término y evolución

El ***retail coaching*** es una metodología de entrenamiento comercial continuo centrada en el punto de venta. Según expertos, implica una "conversación profunda, confidencial y transformadora" entre el comerciante (o responsable de tienda) y el coach. En esa conversación se integran elementos de motivación, fijación de metas y seguimiento de indicadores.

Este enfoque busca desarrollar habilidades prácticas que mejoren tanto la rentabilidad como la productividad del personal, fomentando una comunicación efectiva dentro del equipo, una actitud proactiva en el día a día y una comprensión clara de los indicadores comerciales. Además, permite al equipo directivo definir de forma conjunta los valores, métodos de trabajo y estilos de relación con el cliente que desean promover, dotando a los vendedores de herramientas para ofrecer una atención diferenciadora que mejore la experiencia de compra.

En conjunto, el *retail coaching* se caracteriza por alinear los objetivos de la empresa con las metas individuales de cada vendedor, usando técnicas de coaching profesional (modelo GROW, *feedback* continuo, reforzamiento positivo) aplicadas al contexto comercial.

Con el tiempo, el *retail coaching* ha evolucionado incorporando **herramientas digitales** y adaptando su alcance. Por ejemplo, CapKelenn ha lanzado versiones certificadas en línea con módulos interactivos para e-learning. Sus publicaciones actuales destacan la importancia del "comercio digital": en la era omnicanal el vendedor debe ofrecer una "experiencia 360º al cliente".

Fig. 2. CapKelenn ofrece programas de retail coaching online centrados en la mejora del rendimiento comercial y la gestión de equipos en tienda

Se ha ampliado el abanico de **indicadores clave (KPIs)**: conversiones, valor medio de *ticket*, Net Promoter Score (NPS) de clientes y eNPS de empleados. El método también incorpora técnicas innovadoras como la gamificación de la venta ('*fun theory*') o reuniones breves de coaching grupal tras las sesiones informativas.

Anotación

El *retail coaching* ha pasado de ser un complemento de la capacitación a un proceso continuo con formación online y herramientas tecnológicas, pero manteniendo su esencia: formar líderes-entrenadores en tienda, empoderando a cada manager para *coachar* a su equipo y lograr mejoras visibles en ventas y clima laboral.

1.3. Diferenciación con otras prácticas similares

Aunque el *retail coaching* comparte raíces con otros enfoques, presenta **rasgos distintivos claros** frente a cada uno:

- **Coaching ejecutivo vs. retail coaching**: El coaching ejecutivo se enfoca en altos directivos y temas estratégicos, generalmente con *coaches* externos. El *retail coaching* se aplica a gerentes de tienda y supervisores, centrado en indicadores comerciales y a menudo ejercido por el propio personal interno. Se centra en resultados inmediatos.

- **Mentoring vs. retail coaching**: El *mentoring* implica una relación de largo plazo basada en la experiencia del mentor. En cambio, el *retail coaching* es un proceso estructurado y orientado a metas concretas. El coach guía sin imponer, fomentando la autosuficiencia del comerciante mediante preguntas y *feedback*.

- **Formación tradicional vs. retail coaching**: La formación tradicional ofrece conocimientos puntuales sin seguimiento. El *retail coaching* implica acompañamiento continuo y personalizado, con sesiones regulares on-*the-job*, *feedback* inmediato y revisión constante de indicadores. Esto mantiene habilidades afinadas y compromiso alto.

- **Consultoría vs. retail coaching**: La consultoría aporta diagnósticos y estrategias externas. El *retail coaching*, en cambio, es un proceso de desarrollo humano y organizativo sostenido, donde el propio equipo define e implementa mejoras con el apoyo del coach. Fomenta el cambio desde dentro, basado en confianza y acompañamiento continuado.

1.4. Como interpretar el cambio

El *retail coaching* es especialmente útil para **gestionar los grandes cambios** del comercio contemporáneo. En un entorno de transformación digital, prepara a las tiendas físicas para integrarse al omnicanal. Muchos consumidores investigan online y compran donde encuentran mejor experiencia.

El *retail coaching* enfatiza el **valor humano**. Los clientes visitan tiendas físicas solo si encuentran un valor añadido diferencial. Por ello, se motiva a los vendedores a complementar la tecnología con atención personalizada.

Los equipos deben ofrecer una **experiencia 360º**, y manejar **métricas diarias** (conversiones, ventas cruzadas, NPS). Así, el *retail coaching* ayuda a interpretar datos digitales y ajustar estrategias locales.

Fig. 3. Al combinar análisis de datos con desarrollo de habilidades interpersonales, el retail coaching permite transformar los retos en oportunidades de mejora sostenible

Frente a exigencias actuales como personalización, inmediatez y experiencias memorables, el *retail coaching* adapta la cultura interna. Enseña al equipo a ir más allá de la venta técnica. Un vendedor implicado y empático puede detectar necesidades ocultas y generar una compra gratificante.

Se promueve la empatía, la medición del componente emocional del servicio, y el entrenamiento en venta cruzada y atención premium. El *retail coaching* permite que la tienda viva el cambio de forma **proactiva** y se enfoque en **crear valor añadido**.

En lo relativo al equipo, el *retail coaching* **fortalece el liderazgo, la motivación y la cohesión**. Los empleados que reciben coaching muestran mayor compromiso. El gerente debe tener conversaciones periódicas de mejora con cada vendedor. El *coach* minorista aprende a dar feedback, manejar conversaciones difíciles y empoderar al colaborador. Esto crea una cultura de mejora continua y un ambiente de tienda preparado para el cambio.

 **Saber más**

Una parte de las bajas voluntarias en el sector comercial puede evitarse cuando los responsables de equipo mantienen una comunicación regular, directa y orientada al desarrollo con su personal. En este sentido, el *retail coaching* se consolida como una herramienta especialmente útil para reducir la rotación, ya que promueve un acompañamiento constante, basado en la escucha activa y el refuerzo positivo. Al centrarse en las personas y en su evolución dentro del entorno de trabajo, permite anticipar situaciones de desmotivación y fortalecer el compromiso del equipo, generando un entorno más estable y productivo.

2. Fundamentos básicos del *retail-coaching* en cuanto a la relación con el cliente

La relación entre el vendedor y el cliente en el punto de venta se ha transformado significativamente en los últimos años. La digitalización, la diversidad de perfiles de consumo y la necesidad de generar valor añadido han impulsado la evolución del trato comercial hacia un enfoque más humano, flexible y consciente. En este contexto, el *retail coaching* aporta herramientas clave para mejorar la calidad de las interacciones, promoviendo un acompañamiento real basado en la empatía, la comunicación efectiva y la capacidad de adaptación a cada situación.

Este modelo promueve el desarrollo de competencias específicas en el equipo comercial para comprender mejor al cliente, resolver situaciones complejas y generar experiencias memorables. La formación continua, el *feedback* estructurado y la aplicación de técnicas como la escucha activa o la personalización del servicio permiten transformar el momento de compra en un vínculo duradero con la marca.

En el entorno comercial actual, marcado por una competencia constante y un cliente cada vez más informado, la capacidad de establecer una **conexión** humana en el punto de venta se convierte en un factor determinante. La empatía permite comprender el estado emocional del cliente, captar sus motivaciones reales y adecuar la interacción de forma más efectiva. No se trata únicamente de interpretar lo que el cliente dice, sino de detectar matices en su tono de voz, lenguaje corporal y nivel de confianza.

La escucha activa implica atención plena, reformulación y validación emocional. Requiere mantener el foco total en el interlocutor, evitando distracciones y respondiendo de forma coherente a lo que el cliente expresa. Técnicas como reformular lo entendido, validar emociones o hacer preguntas abiertas demuestran un interés real y facilitan una comunicación fluida. En *retail coaching*, desarrollar esta competencia ayuda a reforzar la confianza y aumentar la satisfacción, lo que favorece una relación más duradera entre cliente y comercio. Cuando el cliente se siente comprendido, percibe el servicio como más valioso, incluso si no realiza una compra en ese momento.

Fig. 4. Una escucha activa estructurada, mejora notablemente la calidad de la atención ofrecida

Una comunicación adecuada en el punto de venta permite **transmitir** información con claridad, resolver dudas, guiar al cliente y proyectar una imagen profesional. En *retail coaching* se entrena al personal para adaptar su forma de hablar según el perfil del cliente y el tipo de producto. Esto requiere cuidar tanto el contenido verbal como el lenguaje no verbal. Mantener una postura abierta, usar un tono amable y emplear palabras precisas facilita el diálogo y reduce los malentendidos.

Anotación

Para mantener un buen lenguaje no verbal durante la gestión de objeciones, es recomendable adoptar una postura abierta y relajada, con los hombros alineados y los brazos visibles, evitando cruzarlos o colocarlos en la cintura, ya que pueden interpretarse como señales de tensión o defensa. El contacto visual debe mantenerse de forma natural, sin invadir ni evitar la mirada del cliente, transmitiendo así atención y seguridad. También conviene acompañar las palabras con gestos suaves y pausados que refuercen el mensaje, y controlar la expresión facial para que refleje comprensión y cercanía, incluso ante comentarios incómodos. Una sonrisa leve y un tono de voz calmado ayudan a crear un clima de confianza que favorece el diálogo y la resolución de dudas.

Además, se entrena al equipo para argumentar en base a **beneficios concretos**, no solo a características técnicas. Por ejemplo, en lugar de decir que un producto tiene "256 GB", puede explicarse que "permite guardar hasta 70.000 fotos sin preocuparse por el espacio". Este enfoque centrado en el valor real mejora la persuasión sin resultar invasivo. También se trabaja el uso del **silencio estratégico**, las preguntas personalizadas y las frases de cierre respetuosas, que ayudan a guiar la conversación de manera natural. En definitiva, una comunicación efectiva se construye mediante la práctica, la observación y la capacidad de adaptación.

En el comercio minorista, la calidad del producto ya no es el único factor determinante para que una persona decida comprar o volver. La experiencia que vive el cliente durante su visita a la tienda influye directamente en su nivel de satisfacción y en su decisión futura de regresar o recomendar el establecimiento. En este sentido, *el retail coaching* promueve estrategias que transforman cada interacción en una oportunidad de impacto positivo.

Para lograrlo, se trabaja con el equipo comercial aspectos como la **actitud proactiva**, la capacidad de anticiparse a las necesidades del cliente y la coherencia en cada punto de contacto, desde el saludo hasta la despedida. También se fomenta la atención al detalle, como recordar preferencias del cliente habitual o personalizar una sugerencia. Estas acciones permiten crear un vínculo emocional con la marca, que resulta difícil de replicar en canales puramente digitales. Cuando el entorno, el trato y la actitud son agradables, el cliente tiende a asociar la marca con una experiencia positiva y a mantenerla en su memoria.

Fidelizar a un cliente no depende exclusivamente de programas de puntos o descuentos. En *retail coaching* se entiende que la relación constante, la confianza y la percepción de valor son la base de la fidelidad real. Por eso, se pone énfasis en construir relaciones mediante interacciones positivas, continuas y personalizadas, que hagan que el cliente se sienta valorado más allá de la transacción puntual.

Fig. 5. Recordar el nombre y las preferencias del cliente habitual puede transformar una compra cotidiana en una experiencia emocionalmente significativa

El personal de tienda es entrenado para reconocer a los clientes habituales, adaptar el trato a sus preferencias y demostrar agradecimiento sincero por su visita. También se promueve el seguimiento en casos donde sea posible, como enviar una nota de agradecimiento o recordar una recomendación anterior. Estas prácticas **fortalecen** la relación comercial y aumentan la probabilidad de repetición de compra. Además, un cliente fidelizado suele actuar como prescriptor espontáneo, recomendando la tienda en su entorno social o a través de canales digitales. Fidelizar no es retener, sino cultivar un **vínculo sostenido** basado en la confianza mutua y la atención cuidada.

En el proceso de venta, es frecuente que el cliente exprese dudas, desacuerdos o inquietudes. Saber **gestionar objeciones** de forma profesional es una habilidad clave que mejora la relación con el cliente y aumenta la probabilidad de cerrar la venta de forma satisfactoria. En *retail coaching*, se entrena al personal para entender el motivo real de la objeción antes de responder, evitando reacciones defensivas o argumentaciones forzadas.

 **Saber más**

A continuación, se exponen algunos consejos para gestionar objeciones de forma profesional en el proceso de venta, siguiendo los principios del *retail coaching*:

1 **Escuchar sin interrumpir**: Cuando el cliente expresa una objeción, lo más importante es dejarle hablar sin cortar ni reaccionar de inmediato. Muchas veces, solo necesita sentirse escuchado para abrirse a una solución.

2 **Evitar respuestas automáticas**: No se debe responder con frases aprendidas o defensivas, como "eso no es así" o "todo el mundo lo compra". Estas reacciones bloquean la conversación y generan resistencia.

3 **Reformular para confirmar**: Antes de responder, es útil repetir brevemente lo que el cliente ha dicho para asegurarse de que se ha entendido bien. Por ejemplo: "Entonces, ¿lo que te preocupa es si la batería dura lo suficiente para un día completo?"

4 **Identificar el motivo real**: A veces la objeción expresa una duda superficial, pero esconde una preocupación más profunda (precio, confianza, utilidad real). Hacer preguntas abiertas puede ayudar: "¿Qué es lo que te haría sentir seguro al elegirlo?"

5 **Mostrar comprensión**: Validar la objeción sin juzgarla fortalece la relación. Frases como "Es normal tener dudas en una compra así" o "Muchas personas se hacen esa misma pregunta" reducen la tensión y abren la puerta a la solución.

6 **Responder con información útil, no con presión**: Una vez comprendido el motivo, se ofrece una respuesta ajustada y concreta, centrada en beneficios reales, no en argumentos genéricos. Siempre se debe enfocar la solución desde el punto de vista del cliente.

7 **Adaptar el tono**: El lenguaje debe ser claro, calmado y positivo. La forma en que se dice algo influye tanto como el contenido. Un tono neutro y amable transmite profesionalidad.

8 **Ofrecer una alternativa si la objeción persiste**: Si el producto no encaja, es mejor proponer una opción más adecuada que intentar forzar la venta. Esto demuestra honestidad, mejora la experiencia y puede convertir una objeción en una oportunidad.

9 **Cuidar el cierre de la conversación**: Incluso si la venta no se cierra en ese momento, dejar la puerta abierta con frases como "Cuando lo decidas, estaré encantado de ayudarte" mantiene el vínculo y favorece una posible vuelta.

Ante una **objeción**, como el precio o la funcionalidad del producto, es importante mantener una actitud calmada, receptiva y orientada a soluciones. Se recomienda escuchar sin interrumpir, reformular para comprobar la comprensión y responder destacando beneficios ajustados a las necesidades del cliente. Además, es útil contar con recursos comunicativos entrenados, como frases puente del tipo: *"Entiendo lo que me dices"*, *"Es habitual que nuestros clientes pregunten esto"* o *"Déjame mostrarte otra opción que podría ajustarse mejor"*. Una buena gestión de objeciones no solo evita la pérdida de la venta, sino que **refuerza** la imagen profesional del equipo y mejora la percepción global del servicio.

Un personal **motivado** transmite seguridad, entusiasmo y compromiso, lo que mejora significativamente la experiencia del cliente. Desde el *retail coaching*, la motivación se trabaja como una responsabilidad compartida entre el liderazgo de la tienda y el propio equipo. No se trata de imponer una actitud positiva, sino de crear un entorno laboral donde el esfuerzo tenga reconocimiento, las metas estén claras y el desarrollo personal sea posible.

Fig. 6. El estado anímico del equipo influye de manera directa en la calidad del servicio que se ofrece en tienda

Para ello, se utilizan herramientas como el *feedback* positivo, la celebración de logros, la implicación en la toma de decisiones cotidianas y la fijación de objetivos realistas y alcanzables. También se fomenta que cada vendedor descubra su estilo personal, potencie sus habilidades y participe activamente en la mejora del ambiente laboral. Una actitud motivada no siempre es espontánea: suele ser el resultado de un liderazgo consciente y de un proceso de acompañamiento que considera a cada persona como un recurso valioso. El cliente percibe rápidamente si el equipo disfruta de su trabajo, y esa percepción influye en su nivel de satisfacción y fidelización.

En el comercio actual, los perfiles de clientes son cada vez más diversos en cuanto a edad, estilo de vida, conocimientos, hábitos de consumo o expectativas. Por ello, la capacidad de **adaptarse** a cada cliente y personalizar la atención es una **competencia esencial** del equipo de ventas. Desde el enfoque del *retail coaching*, esta habilidad se entrena como parte de una actitud flexible, atenta y orientada a la observación. No todos los clientes desean lo mismo, ni de la misma manera.

La **adaptabilidad** comienza con la lectura del cliente: cómo entra en la tienda, qué ritmo tiene, qué tipo de preguntas formula o cómo reacciona al primer contacto. En función de esas señales, el vendedor puede ajustar su lenguaje, tono, nivel de detalle o estilo de acompañamiento. Por ejemplo, algunos clientes valoran una explicación extensa, mientras que otros prefieren ir al grano. En cuanto a la personalización, se busca que la propuesta de producto, el trato y la atención reflejen que se ha entendido lo que el cliente busca. Detalles como recordar compras anteriores, adaptar sugerencias o usar su nombre al final de la conversación hacen que la experiencia resulte más cercana y diferencial. Esta habilidad no se basa en improvisación, sino en práctica consciente, análisis del comportamiento del cliente y voluntad de mejorar.

Ejemplo

Situación: Cliente con actitud reservada y lenguaje no verbal cerrado

Un hombre de unos 50 años entra en la tienda de tecnología con paso lento, evita el contacto visual y recorre los pasillos sin detenerse demasiado en ningún producto. Lleva las manos en los bolsillos y, al acercarse a un expositor de altavoces Bluetooth, permanece en silencio durante unos segundos. No formula ninguna pregunta, pero observa las etiquetas con detenimiento. Cuando un miembro del equipo se le acerca con un saludo amable, responde con una frase corta: "Solo estoy mirando, gracias".

Reacción adecuada desde el *retail coaching*:

Ante este tipo de cliente, lo primero es respetar su espacio sin presionarlo, interpretando su lenguaje no verbal como una señal de preferencia por la autonomía. En lugar de insistir con preguntas o explicaciones extensas, lo más efectivo es adoptar un tono suave y una actitud disponible pero no invasiva. El vendedor puede decir algo como: "Perfecto, si necesita ayuda más adelante, estaré justo aquí", y retirarse sin perderlo de vista.

Pasados unos minutos, si el cliente continúa en la misma sección, se puede retomar el contacto de forma ligera, por ejemplo: "Ese modelo tiene una batería que dura más de 20 horas; mucha gente lo elige para exteriores". Esta breve intervención ofrece valor sin comprometer su independencia, y si el cliente muestra apertura, se puede adaptar el lenguaje técnico o ampliar la información según su reacción.

En caso de que realice una compra, usar su nombre si se proporciona durante el pago y despedirse con una frase personalizada como "Gracias, Javier. Espero que lo disfrutes, cualquier cosa que necesites, aquí estamos" contribuye a generar una experiencia percibida como discreta, respetuosa y profesional.

3. Planteamiento de objetivos y diseño de un Plan de acción especifico en venta

Dentro del *retail coaching*, la planificación estratégica es una herramienta fundamental para orientar las acciones comerciales y optimizar el rendimiento del punto de venta. Este enfoque permite definir metas concretas, establecer una dirección clara para el equipo y construir una relación sólida y coherente con los clientes. En un entorno de alta competencia y constante evolución, contar con una estrategia bien estructurada facilita no solo alcanzar los objetivos de venta, sino también reforzar la identidad de marca y mejorar la experiencia del cliente en todos los canales.

3.1. Definir nuestras metas y objetivos

En el ámbito del *retail coaching*, establecer metas concretas permite orientar las acciones del equipo hacia resultados claros y alcanzables. Para ello, se recomienda trabajar con el modelo SMART, que ayuda a dar forma a los objetivos de una manera útil y estructurada. Un objetivo SMART debe ser específico, es decir, centrarse en un resultado bien definido como "aumentar las ventas de calzado deportivo femenino". Debe ser también medible, por ejemplo, indicando un incremento del 10 % en las ventas en un plazo determinado. A su vez, ha de ser alcanzable, es decir, realista en función de los recursos, el equipo y la situación actual del punto de venta. El objetivo también debe ser relevante, es decir, alineado con las prioridades del negocio y con impacto en la rentabilidad. Por último, debe tener un tiempo definido, como lograrlo en tres meses o en una campaña concreta.

Aplicar este enfoque permite al personal de ventas saber exactamente qué se espera, cómo se evaluará su rendimiento y en qué plazo deben actuar. Además, facilita el seguimiento y la toma de decisiones, ya que se parte de datos objetivos. En lugar de metas genéricas como "vender más", se trabaja con propósitos bien delimitados, lo que mejora tanto la motivación como los resultados.

Fig. 7. Visualizar los objetivos SMART y los datos en tiempo real dentro del propio entorno de trabajo ayuda al equipo a mantenerse enfocado

Para definir metas eficaces en *retail*, es importante conocer bien a quién se dirigen los esfuerzos. La segmentación de clientes y mercado consiste en dividir al público en grupos más pequeños con características comunes, como edad, comportamiento de compra, ubicación geográfica o nivel de ingresos. Este proceso permite adaptar los objetivos de venta a cada segmento y diseñar estrategias más adecuadas a sus intereses.

Ejemplo

Por ejemplo, si se detecta que un grupo relevante de clientes son personas jóvenes que compran principalmente online, las metas podrían centrarse en mejorar la conversión en el canal digital o incrementar las ventas a través de redes sociales. Si, en cambio, el público principal son familias que valoran la atención personalizada en tienda física, se pueden fijar objetivos relacionados con la fidelización o el aumento del *ticket* medio en ese entorno.

Esta **segmentación** también ayuda a prever tendencias, identificar oportunidades y anticiparse a cambios en el mercado. No se trata solo de vender, sino de comprender quién compra, cómo lo hace y por qué. Esa información permite tomar decisiones más acertadas, tanto en la planificación de campañas como en la formación del equipo de ventas o en la distribución de productos dentro del punto de venta.

En la gestión comercial dentro del *retail coaching*, utilizar indicadores clave de rendimiento (KPI) permite evaluar con claridad cómo se están alcanzando los objetivos marcados. Los **KPI** son cifras que reflejan aspectos concretos del funcionamiento de la tienda o del equipo de ventas. Algunos ejemplos habituales son el número de unidades vendidas por día, el porcentaje de conversión (clientes que entran y terminan comprando), el ticket medio o el volumen de ventas por vendedor.

Fig. 8. Si un vendedor registra un volumen de ventas mensual un 30 % inferior al promedio del equipo, el KPI permite detectarlo a tiempo y ofrecerle formación específica para mejorar su argumentación y técnicas de cierre

El *ticket* medio es una de las métricas más útiles en *retail* para evaluar cuánto gasta, en promedio, cada cliente en una compra. Se calcula dividiendo la facturación total por el número de transacciones realizadas en un periodo determinado. Por ejemplo, si una tienda ha ingresado 10.000 € en 250 compras, su *ticket* medio es de 40 €. Esta cifra permite entender si el cliente compra de forma puntual y básica o si se le está ofreciendo valor añadido durante su experiencia de compra. Por su parte, el volumen de ventas por vendedor es una métrica que permite conocer cuánto vende cada miembro del equipo en un periodo determinado, ya sea en unidades, ingresos o ambos. Es especialmente útil para detectar diferencias en el rendimiento individual, identificar buenas prácticas, planificar incentivos y diseñar formaciones personalizadas. Se trata de entender cómo trabaja cada persona y cómo puede mejorar o compartir su método con el equipo.

Mediante estos indicadores es posible medir el progreso de manera continua y detectar tanto los puntos fuertes como las áreas de mejora. Por ejemplo, si un vendedor tiene muchas interacciones con clientes, pero pocas ventas cerradas, se puede trabajar su argumentación o su capacidad de escucha. Si una tienda mantiene un *ticket* medio bajo, puede ser conveniente introducir estrategias de venta cruzada o reordenar el escaparate.

Contar con métricas concretas permite tomar decisiones basadas en hechos y no en impresiones. Además, facilita la retroalimentación al equipo, ya que cada profesional puede conocer su rendimiento y recibir orientación personalizada.

El mercado cambia con rapidez, y las estrategias de venta deben adaptarse para seguir siendo eficaces. En este contexto, la capacidad para analizar los datos recogidos y modificar los objetivos de forma ágil resulta especialmente útil.

Fig. 9. Los datos sirven para reconocer avances y reforzar comportamientos eficaces

 **Anotación**

El seguimiento de KPI y otras métricas permite detectar tendencias emergentes, cambios en el comportamiento de los clientes o variaciones estacionales en la demanda.

Una vez detectados estos cambios, es importante revisar los objetivos fijados y adaptarlos a la nueva situación. Esto puede implicar ampliar los plazos, reajustar las metas de venta, priorizar ciertos productos o rediseñar la forma de comunicar una promoción.

Además, fomentar esta adaptabilidad dentro del equipo contribuye a mantener la motivación, ya que se evita trabajar con objetivos desfasados o inalcanzables. Se genera un entorno más dinámico, en el que los cambios del mercado se ven como oportunidades para mejorar y no como obstáculos. De este modo, la planificación estratégica se convierte en un proceso vivo, en constante revisión y mejora.

Marta es la responsable de una tienda especializada en ropa y calzado deportivo urbano, situada en el centro de Bilbao. Durante los últimos seis meses, ha observado que los productos de la sección femenina tienen menos rotación que los de la masculina, a pesar de contar con una clientela femenina creciente y con buena presencia en redes sociales. A partir de esta situación, decide aplicar una estrategia de *retail coaching* para mejorar los resultados de venta en esa categoría concreta.

El objetivo que define Marta sigue el modelo SMART. Decide formularlo así: "Aumentar en un 20 % las ventas mensuales de calzado deportivo femenino en tienda física y canal online durante la campaña de otoño (septiembre-noviembre), mediante acciones promocionales específicas y refuerzo del *visual merchandising*." Este objetivo es específico (centrado en calzado femenino), medible (20 % de incremento), alcanzable (basado en el historial de ventas y potencial de mejora), relevante (porque responde a una necesidad detectada y contribuye al equilibrio del negocio) y temporal (limitado a la campaña de otoño).

Para asegurar que este objetivo sea realista y adaptado al público objetivo, Marta realiza una segmentación del mercado. Detecta dos perfiles principales entre las clientas: mujeres jóvenes entre 18 y 30 años, interesadas en moda deportiva de estilo urbano, y mujeres de entre 30 y 45 años que priorizan la comodidad, la marca y el diseño funcional. En base a esto, planifica dos acciones diferenciadas: una campaña en Instagram con *influencers* locales dirigida al público joven, y un *corner* destacado en tienda con recomendaciones de productos y personal asesorando durante los fines de semana para el segundo grupo.

A lo largo de la campaña, Marta establece un sistema de seguimiento mediante KPI. Mide indicadores como el ticket medio en la categoría femenina, el porcentaje de conversión por canal (online y físico) y el número de unidades vendidas semanalmente. Gracias a estos datos, puede detectar si una promoción está funcionando o si un modelo concreto no despierta interés, lo que le permite ajustar los escaparates, reforzar las redes o cambiar la ubicación de ciertos productos.

A mitad de campaña, observa que la conversión online está por debajo de lo esperado, mientras que las ventas físicas han aumentado significativamente. A partir de este análisis, decide ajustar el objetivo inicial para dar más peso al canal físico, extender la campaña en tienda una semana más y lanzar un código exclusivo de descuento para las clientas que visitan la tienda y luego compran online.

3.2. Concreción de la Misión-Visión y la relación con el cliente

La misión define el propósito inmediato de la empresa, es decir, qué ofrece, a quién se dirige y cómo desea hacerlo. En cambio, la visión expresa hacia dónde quiere llegar la empresa a medio o largo plazo, qué impacto aspira a tener en el sector o en la vida de sus clientes.

Fig. 10. Mostrar la misión en zonas visibles de la tienda, como probadores o mostradores, refuerza la conexión emocional con el cliente y ayuda al equipo a mantener un discurso alineado con los valores de la marca

En el entorno del *retail*, estos conceptos deben estar alineados con la experiencia que se quiere generar en cada punto de contacto con el cliente. Por ejemplo, si una marca declara como misión **facilitar** una moda accesible y sostenible, esta idea debe trasladarse tanto al tipo de productos como al trato en tienda, la política de devoluciones o la imagen proyectada en redes sociales. La visión, por su parte, debe servir como faro para la evolución del negocio: puede inspirar decisiones sobre expansión, innovación o responsabilidad social.

Cuando misión y visión están bien definidas y comunicadas al equipo, se convierten en una guía coherente que ayuda a tomar decisiones más alineadas con los valores del negocio. Además, permiten diferenciarse frente a la competencia y construir una identidad clara que el cliente pueda reconocer y valorar.

En el *retail*, el personal de tienda representa la cara visible de la empresa. Cada vendedor actúa como embajador de la marca, ya que su comportamiento, su forma de comunicarse y su actitud influyen directamente en la percepción que el cliente tiene del negocio. Por ello, es importante que los vendedores no solo conozcan bien los productos, sino también los valores que la empresa quiere transmitir.

Formar al equipo en este sentido implica trabajar aspectos como la atención personalizada, el lenguaje no verbal, la escucha activa o la gestión de objeciones, pero también requiere explicar con claridad cuál es la cultura de marca y qué se espera en cada interacción.

Fig. 11. Un cliente valora el trato recibido y cómo se ha sentido durante el proceso de compra

La **motivación** del personal también desempeña un papel relevante. Cuando los vendedores se sienten parte del proyecto y entienden su papel dentro de la estrategia global, actúan con mayor implicación y coherencia. Esto se traduce en una mejor experiencia para el cliente, mayor fidelidad y mejores resultados en ventas. Así, el equipo de ventas se convierte en una extensión auténtica de la marca y en un elemento clave para consolidar relaciones duraderas.

Construir una relación sólida con el cliente implica ofrecer una **atención** que se ajuste a sus necesidades, expectativas y preferencias. La personalización permite que cada cliente se sienta reconocido y valorado, lo que favorece la confianza y, a largo plazo, la fidelización. En *retail coaching*, esto se traduce en adaptar el trato, las recomendaciones y las soluciones ofrecidas a cada persona, basándose en datos de compra, hábitos de consumo o incluso en la observación directa del comportamiento en tienda.

Algunas estrategias eficaces son el uso de programas de fidelización con ventajas personalizadas, el seguimiento postventa con mensajes adaptados o la creación de experiencias diferenciadas para distintos segmentos del público. También resulta útil formar al equipo para que escuche con atención, anticipe necesidades y actúe con empatía.

Ejemplo

Por ejemplo, si una clienta compra regularmente productos veganos, el personal puede avisarla cuando lleguen novedades en esa línea. Estos pequeños gestos refuerzan la percepción de cercanía y cuidado.

La **fidelización** no se consigue únicamente con descuentos o regalos, sino con un servicio que transmite confianza, continuidad y coherencia. El cliente fiel no solo repite compras, sino que también recomienda el establecimiento y se convierte en parte activa de la comunidad de marca.

Hoy en día, los clientes no interactúan con una tienda a través de un único canal. Pueden descubrir un producto en redes sociales, consultar disponibilidad en la web y finalizar la compra en el establecimiento físico, o al revés. Por eso, es importante ofrecer una experiencia omnicanal, es decir, integrar de forma coherente todos los canales de comunicación y venta para que el cliente perciba una atención fluida y sin barreras.

Fig. 12. Una clienta consulta el catálogo en Instagram, revisa stock en la web y recoge su pedido en tienda física: un ejemplo real de experiencia omnicanal bien integrada que mejora la satisfacción y fideliza

Esto implica que la información esté sincronizada entre canales, que las promociones y políticas comerciales sean coherentes y que el cliente pueda cambiar de canal sin perder seguimiento. Por ejemplo, si una persona inicia una compra *online* pero decide finalizarla en tienda, el personal debe poder acceder a su historial y continuar el proceso sin necesidad de empezar desde cero.

Además, la atención al cliente debe mantenerse activa en todos los puntos de contacto: redes sociales, correo electrónico, chat online, teléfono y atención presencial. El objetivo es que la marca esté disponible donde el cliente la necesite, con el mismo tono, los mismos valores y una actitud de servicio constante.

4. Aprendizaje de la metodología y técnicas de competencias de eficiencia específicas

En el entorno comercial actual, la eficiencia del equipo de ventas no depende solo del talento individual, sino de una gestión que combine objetivos claros, metodologías de mejora continua y organización del tiempo. Herramientas como el modelo GROW, el cuestionamiento estratégico, el *feedback* constructivo y la gestión del tiempo mediante recursos digitales permiten alinear las acciones del personal con los resultados esperados por la empresa. Estas herramientas, propias del *retail coaching*, fomentan un enfoque estructurado y colaborativo que mejora tanto el rendimiento como el ambiente de trabajo.

4.1. Herramientas de eficiencia organizacional

En el entorno comercial actual, mejorar el rendimiento del equipo de ventas no depende únicamente de aplicar técnicas de cierre o promociones atractivas. La gestión efectiva pasa por acompañar al personal en su desarrollo profesional, establecer objetivos claros, fomentar la reflexión individual y organizar el tiempo de manera estratégica. Conceptos como el modelo GROW, el uso del cuestionamiento, el *feedback* continuo o la planificación del tiempo son hoy herramientas fundamentales en *retail coaching* para lograr equipos más comprometidos, eficaces y alineados con los objetivos del negocio.

4.1.1. El modelo GROW

El modelo GROW es una herramienta de coaching estructurada en cuatro fases que ayuda a fijar objetivos y mejorar el rendimiento del equipo. Su nombre proviene de sus iniciales en inglés: *Goal* (Meta), *Reality* (Realidad), *Options* (Opciones) y *Will* (Voluntad). Es muy útil en *retail* para guiar conversaciones de mejora con el personal de ventas de forma clara, práctica y orientada a resultados. Se estructura en cuatro fases:

- **Meta (*Goal*)**: Establecer objetivos de venta concretos y medibles.
- **Realidad (*Reality*)**: Analizar la situación actual, tanto del negocio como del equipo.
- **Opciones (*Options*)**: Valorar distintas estrategias y alternativas de mejora.
- **Voluntad (*Will*)**: Comprometerse con un plan de acción claro para alcanzar los objetivos.

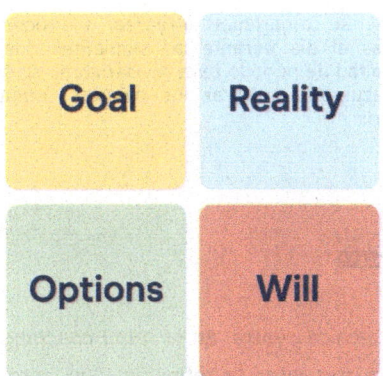

Fig. 13. Representar gráficamente el modelo GROW como parte de las conversaciones semanales ayuda a que el equipo visualice su avance y se implique activamente en el logro de objetivos individuales y colectivos

Ejemplo

Ejemplo del uso del modelo GROW en *retail*:

Lucía es coordinadora de ventas en una tienda de ropa urbana ubicada en Málaga. Al revisar los datos del último trimestre, detecta que el equipo tiene buen trato con los clientes, pero no logra alcanzar los objetivos de venta establecidos, especialmente en la categoría de complementos. Decide aplicar el modelo GROW para trabajar esta situación con Javier, uno de los vendedores con más potencial, pero con bajo índice de conversión.

- **Meta (*Goal*)**: Lucía y Javier definen un objetivo concreto y medible: "Incrementar en un 20 % las ventas personales de complementos en el plazo de un mes." Este objetivo está vinculado al stock acumulado de bolsos, cinturones y bisutería, productos que suelen ser olvidados durante el proceso de venta.
- **Realidad (*Reality*)**: Analizan juntos la situación actual. Javier vende bien prendas principales, pero rara vez sugiere complementos. Reconoce que no se siente cómodo recomendándolos porque no está seguro de cómo integrarlos en la conversación de forma natural. Además, no conoce en detalle las características de esos productos.
- **Opciones (*Options*)**: Exploran distintas posibilidades: recibir una mini formación sobre los complementos y sus ventajas, practicar frases de recomendación en role-play con compañeras, observar durante una semana cómo lo hace otro vendedor que sí tiene buenos resultados, y crear una guía rápida visual para tener a mano combinaciones sugeridas.
- **Voluntad (*Will*)**: Javier se compromete a realizar una recomendación de complemento en al menos 5 ventas al día durante las siguientes dos semanas. Lucía hará un seguimiento con él a mitad de periodo para revisar cómo se siente y ajustar el plan si es necesario. También acuerdan celebrar los avances, aunque sean pequeños, para mantener la motivación.

4.1.2. El Cuestionamiento

El cuestionamiento es una técnica central en el *retail coaching* que consiste en utilizar preguntas estratégicas para fomentar la reflexión y el aprendizaje en el equipo de ventas. A través de preguntas abiertas como "¿Qué crees que podrías haber hecho diferente en esa venta?" o "¿Qué resultados esperabas con esa propuesta?", se promueve el autoconocimiento y se ayuda al vendedor a analizar sus decisiones. El objetivo no es corregir desde fuera, sino ayudar a que la persona encuentre sus propias soluciones y desarrolle su criterio comercial.

El cuestionamiento invita al equipo a reflexionar sobre su forma de vender y a encontrar nuevas soluciones. Se basa en:

- Preguntas abiertas, que fomentan la creatividad y la implicación en la toma de decisiones.
- Análisis personal, que ayuda a identificar puntos fuertes y áreas de mejora.
- Desarrollo comercial, al potenciar habilidades como la argumentación o la escucha activa.

Fig. 14. Usar el cuestionamiento para recoger ideas mediante herramientas visuales fomenta la participación, estimula el pensamiento crítico y convierte la mejora comercial en un proceso compartido

 **Ejemplo**

En una tienda de cosmética natural situada en Valencia, la responsable de equipo, Irene, detecta que, aunque las vendedoras son amables y conocen bien los productos, no consiguen cerrar suficientes ventas tras las demostraciones. En lugar de dar indicaciones directas, Irene decide aplicar la técnica del cuestionamiento en una sesión de coaching grupal.

Comienza lanzando preguntas abiertas: "¿Qué sentís que funciona mejor cuando hacéis una recomendación?", "¿En qué momento notáis que el cliente empieza a dudar o pierde interés?" Estas preguntas generan un ambiente de participación y permiten que el equipo aporte ideas propias. Una de las compañeras comenta que evita insistir por miedo a parecer invasiva, mientras otra confiesa que a veces no está segura de qué producto complementar.

A partir de este intercambio, Irene guía al grupo hacia el análisis personal: cada una identifica un punto fuerte (por ejemplo, la cercanía con el cliente o la capacidad para explicar ingredientes) y una área de mejora (como la seguridad al cerrar una venta o el uso del lenguaje corporal). Esto permite que cada profesional tome conciencia de su estilo y pueda ajustar su enfoque.

Por último, se trabaja en el desarrollo comercial. Irene propone ejercicios breves para practicar la escucha activa y reformular objeciones en positivo. También elaboran juntas nuevas preguntas para el cliente, como: "¿Qué te gustaría que hiciera este producto por ti?" o "¿Hay algo que no te haya funcionado en otros casos?", que ayudan a personalizar el asesoramiento y a reforzar el vínculo.

4.1.3. El feedback

El **feedback** es una herramienta de comunicación que permite ofrecer al equipo información concreta sobre su rendimiento, con el fin de reforzar lo que funciona y mejorar lo que necesita ajuste. Un buen *feedback* se apoya en datos reales —como KPI o ejemplos observables— y se transmite en un entorno de confianza. También puede ser positivo, para reconocer avances, o de mejora, para guiar cambios.

Fig. 15. Incluir autoevaluaciones estructuradas antes de una sesión de feedback permite al equipo tomar conciencia de su propio desempeño y convertir la retroalimentación en un diálogo constructivo

El *feedback* es una herramienta imprescindible para el crecimiento profesional dentro del equipo de ventas. Para que sea realmente útil, debe cumplir con ciertas condiciones:

- Ser constructivo y concreto, centrado en acciones y no en juicios personales.
- Mantener una frecuencia regular, generando una cultura de mejora continua.
- Apoyarse en métricas claras y herramientas prácticas, como reuniones breves o sesiones de coaching individual.

Ejemplo

Situación 1: Un vendedor interrumpe frecuentemente al cliente durante la explicación del producto.

- **Cómo dar *feedback*:** "He observado que durante algunas interacciones tiendes a adelantar respuestas antes de que el cliente termine de hablar. Esto puede hacer que se sienta menos escuchado. ¿Qué te parece si practicamos juntos algunas técnicas de escucha activa? Estoy segura de que podrías conectar aún mejor con ellos."
- **Constructivo**: se enfoca en una acción observable.
- **Concreto**: describe el comportamiento sin juzgar.
- **Solución**: ofrece una propuesta de mejora específica.

Situación 2: Una empleada ha mejorado su tasa de conversión en un 15 % este mes.

- **Cómo dar *feedback*:** "He revisado tus resultados de este mes y has logrado una mejora del 15 % en tu tasa de conversión. ¡Buen trabajo! Se nota que estás aplicando bien las recomendaciones personalizadas. ¿Te animas a compartir con el equipo lo que te ha funcionado mejor?"
- **Regular y positiva**: reconoce avances en tiempo real.
- **Métrica clara**: basada en un dato objetivo.
- **Colaborativa**: invita a compartir aprendizajes con el grupo.

Situación 3: Un nuevo vendedor no alcanza los objetivos semanales y parece desmotivado.

- **Cómo dar *feedback*:** "Sé que esta semana no has alcanzado los resultados que esperabas. Vamos a ver juntos los tickets y ver en qué parte del proceso podríamos enfocarnos más. A veces pequeños ajustes, como cambiar el momento en el que propones productos complementarios, pueden marcar la diferencia. ¿Te gustaría probarlo esta semana y revisarlo juntos el viernes?"
- **Empático y orientado a soluciones**: sin culpas, con acompañamiento.
- **Con frecuencia pactada**: revisión programada.
- **Basado en análisis**: propone explorar datos concretos.

Situación 4: Un vendedor tiene un trato excelente con el cliente, pero no recomienda productos adicionales.

- **Cómo dar *feedback*:** "Los clientes se sienten muy cómodos contigo, y eso es una gran base. Me pregunto si podríamos aprovechar esa confianza para introducir más recomendaciones cruzadas. ¿Qué te parece si identificamos tres productos que puedas vincular de forma natural a los que más vendes?"
- **Valoración + mejora**: refuerza lo positivo antes de proponer cambio.
- **Específico y aplicable**: propone una acción clara y directa.
- **Implica al empleado**: fomenta el diálogo y la implicación.

4.1.4. La gestión del tiempo

Organizar bien el tiempo en el entorno *retail* permite aumentar la productividad y mejorar la atención al cliente. Algunas estrategias útiles son:

- **Priorizar tareas, utilizando la matriz de Eisenhower para distinguir entre lo urgente y lo importante**. La matriz de Eisenhower es una herramienta de gestión del tiempo que permite organizar tareas según dos criterios: urgencia e importancia.

  Consiste en un cuadro dividido en cuatro cuadrantes: 1) Tareas urgentes e importantes, que deben hacerse de inmediato. 2) Importantes, pero no urgentes, que deben planificarse. 3) Urgentes, pero no importantes, que pueden delegarse. 4) Ni urgentes ni importantes, que conviene eliminar o aplazar.

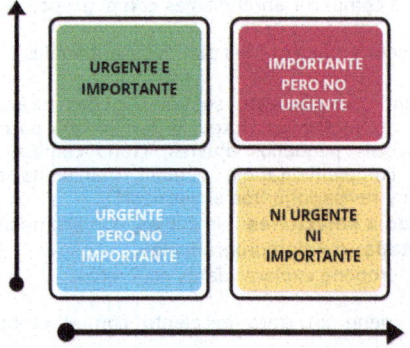

Fig. 16. El objetivo de la matriz de Eisenhower es ayudar a priorizar de forma estratégica, evitando caer en la rutina de hacer solo lo urgente y dedicando tiempo a lo que realmente aporta valor a largo plazo

En el entorno comercial, las tareas pueden acumularse rápidamente: atender clientes, reorganizar el escaparate, responder al proveedor, revisar el stock o preparar una promoción. Para gestionarlas de forma eficiente, es muy útil aplicar la matriz de Eisenhower, una herramienta que permite clasificar las actividades en función de su urgencia e importancia. Por ejemplo, atender a un cliente que acaba de entrar es urgente e importante (debe hacerse de inmediato), mientras que planificar la estrategia de ventas de la semana es importante pero no urgente (requiere tiempo específico). Reorganizar productos que ya están bien expuestos podría considerarse urgente pero poco importante (se puede delegar), y revisar correos que no afectan a la operación diaria sería ni urgente ni importante (se puede posponer o eliminar). Esta clasificación ayuda al equipo a enfocar su energía en las tareas que realmente aportan valor, evitando la sensación de estar siempre apagando fuegos.

- **Reducir distracciones, aplicando técnicas que favorezcan la concentración**. Las distracciones en el punto de venta son frecuentes y pueden afectar tanto a la productividad como a la calidad del servicio. Entre las más comunes están el uso del móvil fuera de los tiempos permitidos, interrupciones constantes entre compañeros o falta de organización en las tareas. Para reducirlas, es recomendable establecer momentos concretos para tareas no prioritarias (como revisar el correo o reorganizar almacén) y fomentar espacios de concentración sin interrupciones, especialmente durante horas punta. También ayuda mantener una zona de trabajo limpia y visualmente ordenada, lo que mejora el enfoque mental. Algunas tiendas aplican pequeños rituales, como revisar juntos las prioridades al inicio de la jornada, para que todo el equipo esté alineado desde el principio. Crear conciencia sobre el impacto de las distracciones, sin aplicar medidas punitivas, refuerza la implicación y mejora el rendimiento colectivo.

- **Planificar con herramientas digitales, como agendas compartidas o apps de gestión, que ayudan a optimizar procesos y horarios**. El uso de herramientas digitales puede marcar una gran diferencia en la gestión del tiempo dentro del *retail*. Aplicaciones como Google Calendar, Trello o Notion permiten planificar tareas, organizar turnos, registrar incidencias y coordinar al equipo sin necesidad de papel o recordatorios verbales. Por ejemplo, en una tienda con tres turnos diarios, usar una agenda compartida facilita que todo el equipo sepa quién se encarga de cada tarea y en qué momento, evitando confusiones o solapamientos. Además, estas herramientas permiten dejar constancia de acciones realizadas, programar alertas o guardar ideas para futuras campañas. La digitalización de la planificación no solo ahorra tiempo, sino que también promueve una mayor responsabilidad individual y una mejor visión global del trabajo en equipo. Con una buena estructura digital, cada persona sabe qué debe hacer, cuándo y con qué recursos.

Saber más

A continuación, se explica, paso por paso, cómo se puede utilizar Google Calendar como herramienta de planificación en *retail*, aplicando su funcionalidad de eventos, tareas y citas para mejorar la organización del equipo:

El primer paso es revisar el calendario del equipo. En la vista diaria del 9 de junio de 2025 se observa que no hay tareas asignadas, salvo un festivo nacional. Esta pantalla sirve para detectar fácilmente franjas horarias libres y distribuir responsabilidades sin solapamientos.

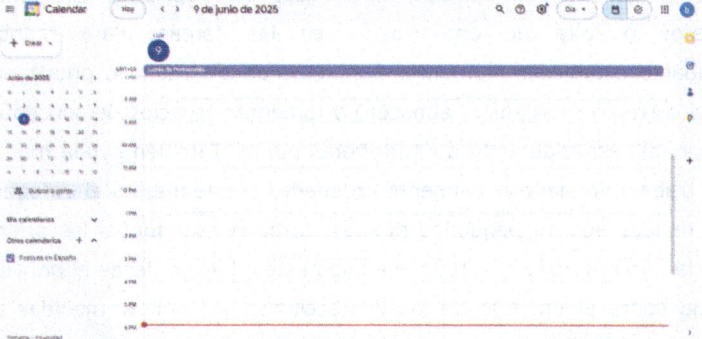

Al hacer clic en una franja horaria, se abre un menú donde se puede programar un evento (por ejemplo, "Reunión de coordinación"). En este caso, se ha creado un evento el martes 10 de junio de 7:30 a 8:30 am. Se pueden añadir invitados, videollamadas, ubicación, y una descripción con instrucciones o enlaces (como a un archivo de Drive), lo que facilita el trabajo coordinado sin correos innecesarios.

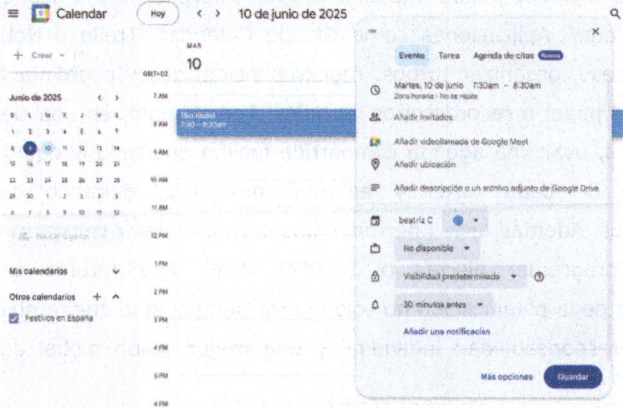

En lugar de un evento, también puede registrarse como **tarea**, marcando un compromiso individual (por ejemplo, "Entrega de material"). Esto permite listar acciones sin asignar una duración específica, y se muestra como una lista diaria de pendientes que se puede marcar como "completada" directamente desde el calendario.

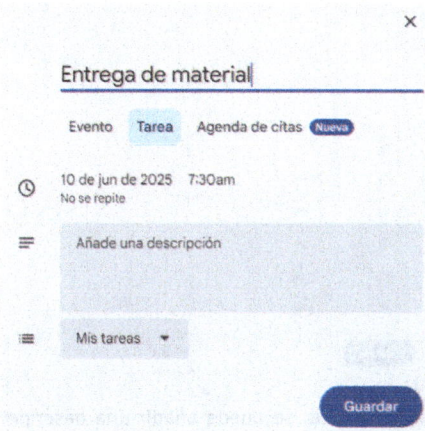

Google Calendar permite configurar bloques de tiempo como agenda de reserva. Por ejemplo, se ha establecido una cita titulada "Entrega de material", desde las 7:30 a 8:30 am del 10 de junio. Esta función es muy útil para coordinación con proveedores, recogida de uniformes, visitas de mantenimiento, etc., permitiendo que otros reserven su espacio directamente.

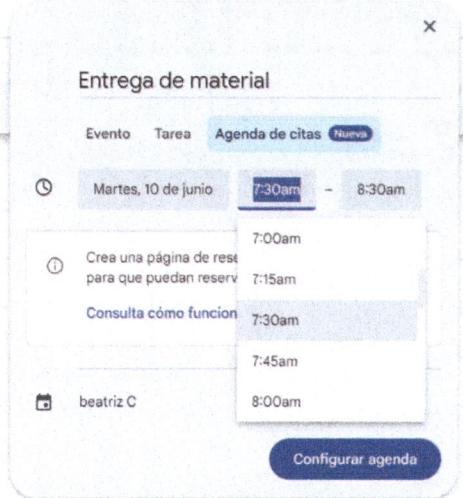

Se puede programar esa cita para repetirse semanalmente y limitarla solo a determinados días y horas. En este ejemplo, la disponibilidad general se ha fijado los martes, de 7:30 a 8:30 am. Esto permite que solo se reserven citas dentro de ese rango, evitando interrupciones fuera del horario previsto.

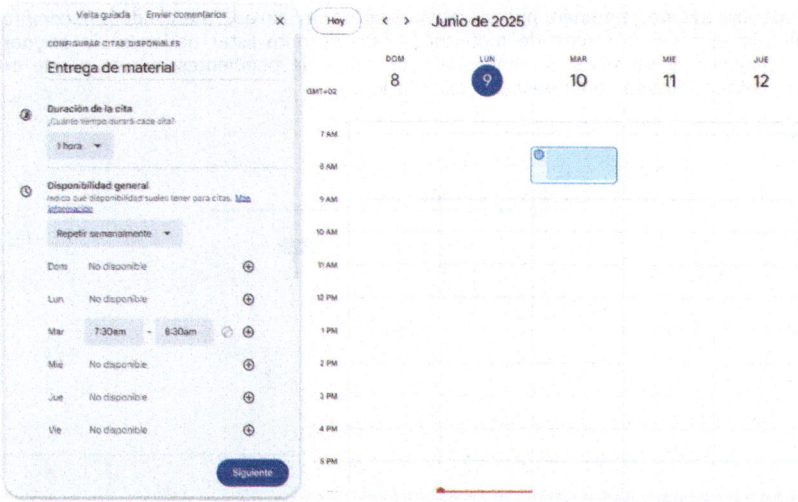

En la configuración avanzada de la cita, se puede añadir una descripción explicativa, ubicación física o virtual, y un formulario de reserva para recoger datos del solicitante (nombre, correo, etc.). También se pueden activar confirmaciones automáticas por correo, evitando seguimientos manuales.

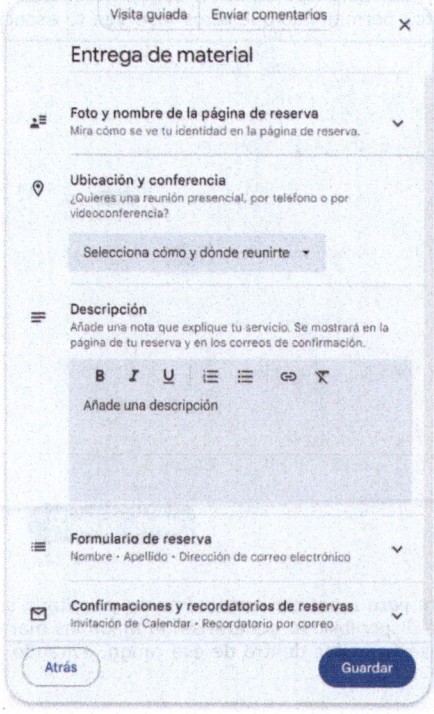

Una vez configurada la cita, Google Calendar genera un enlace a una página de reserva personalizada, que puede compartirse con proveedores, técnicos o responsables de tienda. Desde ahí podrán elegir la franja disponible y reservar sin intermediación.

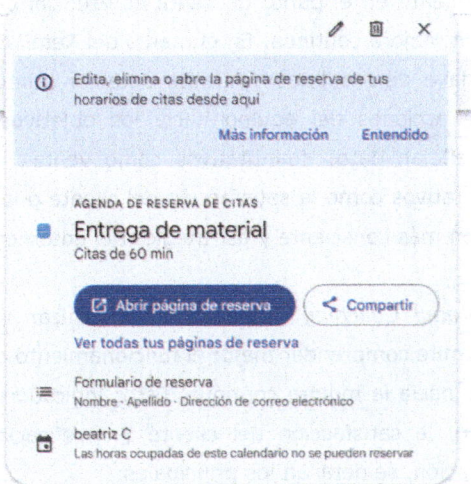

Desde la página de reservas pública, cualquier persona con el enlace puede seleccionar la cita. Aquí, el martes 10 de junio aparece disponible a las 7:30 am. Esta funcionalidad evita solapamientos, reduce correos de confirmación y mejora la eficiencia en tareas logísticas y comerciales.

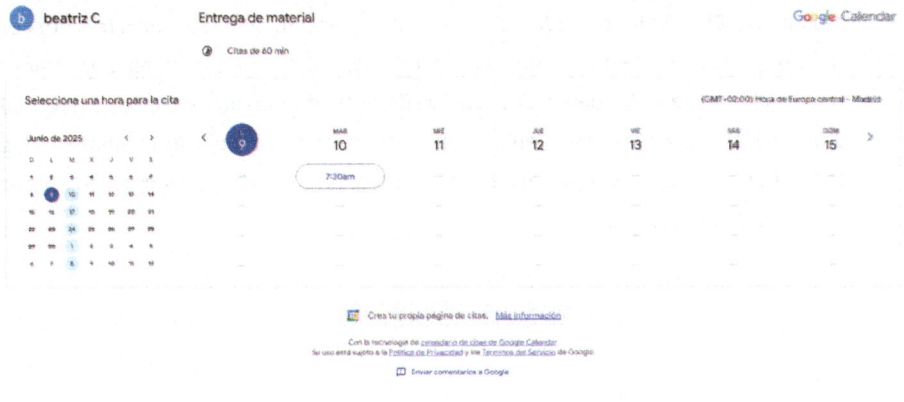

5. Organización de los indicadores de resultados

La medición del rendimiento en el punto de venta es esencial para tomar decisiones acertadas y fomentar la mejora continua. En el marco del *Retail Coaching*, organizar y analizar indicadores clave de resultados permite detectar puntos fuertes, áreas de mejora y orientar las acciones del equipo hacia los objetivos del negocio. Estos indicadores no solo reflejan datos cuantitativos como ventas o conversiones, sino también aspectos cualitativos como la satisfacción del cliente o la eficiencia operativa, permitiendo una gestión más consciente y estratégica del entorno comercial.

En el contexto del *Retail Coaching*, identificar y organizar indicadores clave de rendimiento (KPIs) permite comprender mejor el funcionamiento de un punto de venta y orientar las acciones hacia la mejora continua. Estos indicadores permiten medir el desempeño del equipo, la satisfacción del cliente y la eficacia de las estrategias comerciales. A continuación, se detallan los principales:

- **Ventas y rentabilidad:** El análisis de ingresos es uno de los primeros indicadores que se deben observar. No se trata solo de cuánto se vende, sino también de cómo se distribuyen esas ventas a lo largo del tiempo y entre productos. El *ticket* promedio es otro dato esencial, ya que permite conocer cuánto gasta, de media, cada cliente en una visita. También es importante vigilar el margen de beneficio, que refleja la diferencia entre el coste del producto y su precio de venta. Esta información ayuda a evaluar si las campañas de venta están resultando rentables o si es necesario replantear precios o promociones.

- **Conversión de clientes:** Este indicador mide qué porcentaje de las personas que entran en el establecimiento finalmente realiza una compra. Si hay muchas visitas, pero pocas ventas, puede deberse a problemas en la atención al cliente, en el *layout* de la tienda o en la claridad de la oferta. Por tanto, el ratio de conversión resulta muy útil para detectar oportunidades de mejora y ajustar la estrategia de venta presencial.

Ratio de conversión (%) = (Número de visitas o entradas / Número de ventas)×100

Ejemplo

Imagina que en un día entran 200 personas en la tienda y se realizan 50 compras. (50/200)×100=25%

El ratio de conversión sería del 25 %, lo que significa que una de cada cuatro personas que entra, compra algo.

Aspectos a tener en cuenta:

- El número de entradas o visitas puede contarse manualmente, con sensores en la puerta o con cámaras de conteo de personas.
- El número de ventas se obtiene fácilmente desde el sistema de caja (TPV).

Este indicador es especialmente útil cuando se complementa con otros, como el ticket medio o la satisfacción del cliente.

- **Fidelización y recurrencia:** Analizar cuántos clientes regresan y con qué frecuencia permite valorar si la experiencia de compra está siendo satisfactoria. Se pueden utilizar tarjetas de fidelización, programas de puntos u otras herramientas para hacer seguimiento de los hábitos de consumo. Una clientela recurrente es señal de

Fig. 17. Las tarjetas de fidelización son una herramienta sencilla y efectiva para incentivar la recurrencia de clientes y premiar su lealtad

confianza en el negocio y permite reducir los costes de captación, además de generar recomendaciones.

Ejemplo

Análisis de recurrencia en una cafetería de barrio

Nombre del negocio: Café Aroma
Ubicación: barrio de Gràcia, Barcelona
Herramienta usada: tarjeta digital de fidelización vinculada a una app móvil gratuita

El equipo de Café Aroma quiere saber:
- Cuántos clientes regresan después de una primera visita.
- Con qué frecuencia vuelven en un mes.
- Si la experiencia está siendo satisfactoria o hay margen de mejora.

La cafetería implementa un sistema muy sencillo:
- Cada cliente que se registra en la app obtiene una tarjeta digital de fidelización con código QR.
- Por cada visita en la que se consume más de 5 €, se escanea el código y se registra la visita.
- A la quinta visita, el cliente obtiene un café gratis.

- **Satisfacción del cliente:** La percepción que tiene el cliente sobre la tienda, el producto y el servicio recibido puede medirse a través de encuestas breves o del Net Promoter Score (NPS), que pregunta directamente si recomendarían la tienda a otras personas. Además del NPS, el *feedback* directo, tanto online como presencial, ofrece pistas valiosas sobre aspectos concretos a mejorar, como la atención, la presentación de los productos o la limpieza del espacio.

El Net Promoter Score (NPS) es un indicador que mide la lealtad y satisfacción del cliente a través de una sola pregunta clave: "¿Qué probabilidad hay de que recomiendes nuestra empresa/producto/servicio a un amigo o colega?"

El cliente responde en una escala del 0 al 10, donde:

1. **0 a 6. Detractores**: personas insatisfechas que podrían hablar mal de la marca.

2. **7 y 8. Pasivos**: personas satisfechas, pero no entusiasmadas; no son fieles.

3. **9 y 10. Promotores**: personas muy satisfechas, con alta probabilidad de recomendar.

Se calcula así: **NPS = % de Promotores – % de Detractores**

1. El resultado puede ir de -100 a +100.

2. Un NPS positivo (mayor que 0) ya indica que hay más promotores que detractores.

3. Un NPS de 50 o más se considera excelente.

 **Ejemplo**

Supón que 100 personas responden:

60 personas puntúan con 9 o 10 → 60 % Promotores.
25 personas puntúan con 7 u 8 → (no se cuentan).
15 personas puntúan con 0 a 6 → 15 % Detractores.
NPS = 60 % – 15 % = +45

- **Eficiencia operativa**: Este conjunto de indicadores mide el funcionamiento interno del punto de venta. Por ejemplo, el tiempo de atención a cada cliente puede compararse con los estándares definidos o con otros turnos del mismo equipo. También es fundamental revisar la disponibilidad de productos en el lineal, ya que una falta de *stock* puede afectar directamente a las ventas.

Fig. 18. La gestión de inventarios debe ser fluida y precisa para evitar roturas o excesos innecesarios

Ejemplo

Lúnaria es una tienda situada en el casco antiguo de Zaragoza, especializada en productos ecológicos, cosmética vegana y objetos artesanales. Su enfoque es cercano y personalizado, y quieren mejorar la eficiencia operativa del punto de venta sin perder ese trato humano.

Indicadores internos seleccionados por Lúnaria:
- Tiempo medio de atención al cliente.
- Disponibilidad de productos en el lineal por categorías.
- Tiempos de reposición desde el almacén al expositor.
- Porcentaje de ventas perdidas por falta de stock.

Estándares de referencia definidos por la dirección:
- Atención ideal: 4 minutos por cliente.
- Reposición de lineales: máximo 2 horas desde que se detecta el hueco.
- Productos disponibles: mínimo 92 % del surtido expuesto.
- Ventas perdidas por falta de stock: menos del 3 % mensual.

Recogida de datos en Lúnaria:
- El personal introduce su código en el sistema TPV al iniciar cada venta → se registra la duración.
- Cada día se hace una ronda de control visual con una *tablet*, marcando los productos faltantes.
- Si un cliente pregunta por un producto que no está disponible, se anota en un formulario digital como venta no realizada por falta de stock.

Ejemplo real recogido un jueves por la tarde:
- Tiempo medio de atención: 5,2 minutos.
- Disponibilidad en el lineal: 89 % (fallo en zona de jabones sólidos).
- Se anotan 5 consultas no atendidas por falta de stock de cremas faciales.
- Tiempo medio de reposición desde almacén: 3,5 horas (demasiado alto).

Decisiones del equipo de Lúnaria:
- Se rediseña el sistema de almacenaje para facilitar el acceso a los productos más demandados.
- Se asigna a una persona por turno la función de "vigilancia de lineal".
- Se activan alertas por email cuando un producto baja del stock mínimo.
- Se lanza una prueba piloto de venta cruzada: si no hay crema facial, se sugiere una alternativa.

Una vez definidos los indicadores clave del negocio, es fundamental contar con sistemas que permitan gestionarlos de forma organizada, accesible y comprensible. En el ámbito del *retail*, el uso de herramientas digitales facilita el seguimiento constante del desempeño y ayuda a tomar decisiones más informadas. Estos sistemas deben adaptarse a las necesidades del punto de venta y al perfil del equipo que los utilizará.

Por ejemplo, los cuadros de mando, o *dashboards*, permiten visualizar de forma clara y rápida los principales indicadores de la tienda. Suelen estar disponibles en formato digital, lo que facilita el acceso desde distintos dispositivos y su actualización en tiempo real. Gracias a estos paneles, es posible consultar datos como las ventas diarias, el número de *tickets* emitidos, la tasa de conversión o el stock disponible sin necesidad de generar informes manuales. Además, al presentar la información de forma visual, con gráficos y alertas, resulta más sencillo detectar desviaciones o tendencias.

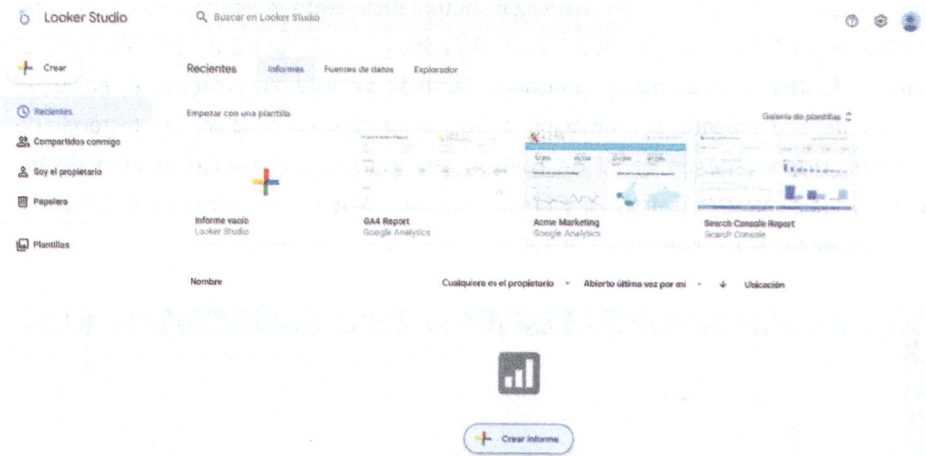

Fig. 19. Google Looker Studio (antes Data Studio) es una herramienta gratuita y muy intuitiva, ideal para crear dashboards conectados directamente a Google Sheets, Analytics u otras fuentes de datos de Google, sin necesidad de conocimientos avanzados en programación

La **automatización** de procesos permite ahorrar tiempo y minimizar errores en la recopilación de datos. Por ejemplo, integrar un sistema **CRM** (*Customer Relationship Management*) con la caja o el sistema de inventario facilita el registro automático de cada venta, cliente o producto. Estas plataformas también pueden conectarse con herramientas de inteligencia comercial que analizan grandes volúmenes de datos y ofrecen sugerencias basadas en patrones de consumo, temporadas o comportamiento del cliente. Este tipo de análisis ayuda a anticiparse a las necesidades del mercado y a personalizar las estrategias de venta.

Un CRM, muy utilizado por pymes y tiendas físicas en España, es HubSpot CRM. Es una herramienta gratuita en su versión básica, que permite gestionar:

- Contactos y clientes.
- Historial de interacciones.
- Correos automatizados.
- Seguimiento de ventas y oportunidades.
- Integración con formularios, correo electrónico y redes sociales.

Con HubSpot CRM es posible visualizar automáticamente quién ha realizado una compra, en qué momento y qué producto ha adquirido, siempre que se integre con el sistema de TPV o *e-commerce* utilizado. También permite automatizar el envío de correos de seguimiento o promociones personalizadas en función del historial de compras. Dispone de un panel de control para consultar el estado general de las ventas y los clientes más activos, y ofrece integración sencilla con herramientas como Shopify, Gmail, WooCommerce o Stripe.

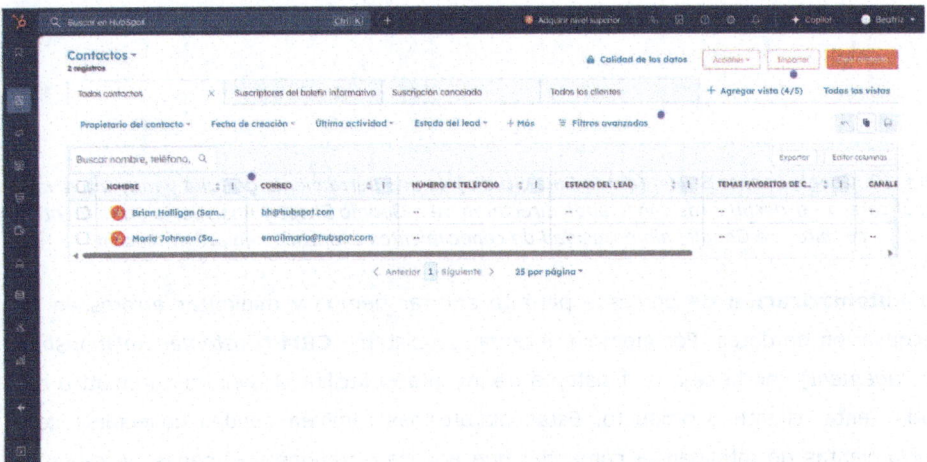

Fig. 20. En el panel de contactos de HubSpot CRM se muestra la información básica de cada cliente, como el nombre, el correo electrónico, el estado del lead y otros campos personalizables, lo que permite gestionar y segmentar la base de datos de forma eficiente

Anotación

HubSpot CRM no requiere conocimientos técnicos avanzados y es ideal para empezar a digitalizar la relación con el cliente en pequeños comercios.

Una parte fundamental del *Retail Coaching* consiste en acompañar al equipo de ventas en su desarrollo profesional. Para ello, es útil utilizar los propios indicadores como herramienta de mejora.

Ejemplo

Por ejemplo, si se detecta que una persona tiene una tasa de conversión baja en comparación con el resto del equipo, se puede revisar cómo gestiona el proceso de atención o qué dificultades encuentra. Así, los datos se convierten en una base para el *feedback* individualizado, más objetivo y enfocado.

Una correcta interpretación de los indicadores no tiene sentido si no se utiliza para mejorar la actividad comercial. En el *Retail Coaching*, la toma de decisiones basada en datos permite al equipo identificar qué está funcionando, detectar áreas de mejora y actuar de forma rápida y eficaz. Este proceso de análisis debe estar orientado a ajustar la estrategia de ventas, mejorar la atención al cliente y optimizar los procesos internos. Observar cómo evolucionan los indicadores a lo largo del tiempo permite reconocer patrones de comportamiento y anticipar necesidades.

Ejemplo

Por ejemplo, si se identifica un descenso en el *ticket* promedio durante ciertos días de la semana, puede estudiarse si influyen factores como la climatología, la afluencia o la ubicación de los productos. También es posible detectar estacionalidades en la venta de determinados artículos, lo que ayuda a planificar el stock o a lanzar campañas promocionales en los momentos más adecuados.

Cuando los resultados no se ajustan a los objetivos establecidos, conviene revisar las causas con calma y aplicar medidas concretas. Por ejemplo, si la tasa de conversión disminuye, puede ser útil observar cómo se está realizando la atención al cliente, si hay cambios en la exposición del producto o si ha habido incidencias en la disponibilidad. A partir de ahí, se pueden definir planes de acción específicos, como reorganizar la tienda, ofrecer formación adicional o modificar la estrategia promocional. Las desviaciones no deben verse como fracasos, sino como señales que indican dónde hay margen de mejora.

Ejemplo

Caso: Análisis de tendencia de compras en línea vs. en tienda física.

1. **Definir el objetivo**: El objetivo es analizar si las compras en línea están aumentando en comparación con las compras en tiendas físicas en un período de 12 meses.
2. **Recopilar datos**: Se obtienen datos de ventas de una cadena de tiendas:
   Ventas en tienda física: Registros mensuales de ingresos y número de transacciones.
   Ventas en línea: Datos de tráfico web, conversiones y ventas digitales.
   Encuestas a clientes: Opiniones sobre preferencias de compra.
3. **Limpiar y organizar la información**: Se eliminan datos inconsistentes y se estructuran en gráficos de evolución mensual.
4. **Identificar patrones y tendencias**: Se observa que las ventas en línea han crecido un 15% en el último año, mientras que las ventas en tienda física han disminuido un 8%.
   Los días de mayor tráfico en la web coinciden con promociones especiales.
   Los clientes jóvenes prefieren comprar en línea, mientras que los mayores siguen optando por la tienda física.
5. **Interpretación y predicción**: Si la tendencia continúa, se espera que en los próximos 6 meses las ventas en línea superen el 30% del total. Se recomienda reforzar la estrategia digital y mejorar la experiencia omnicanal.

Es importante recoger no solo datos de ventas, sino también la opinión del cliente y del equipo. La retroalimentación permite detectar cuellos de botella, tareas que consumen demasiado tiempo o errores frecuentes. A partir de ahí, pueden introducirse cambios en la organización del trabajo, en los flujos de atención o en los sistemas utilizados.

Fig. 21. El análisis de tendencias aporta contexto y profundidad a los datos diarios, ayudando a tomar decisiones más acertadas

 **Anotación**

Un cuello de botella es un punto dentro de un proceso donde el flujo de trabajo se ralentiza o se bloquea, afectando la eficiencia general.

6. Identificación de las herramientas para conocer el nivel del desempeño a nivel competencial en competencias específicas

Fig. 21. Facilitan la toma de decisiones sobre promoción, rotación o refuerzo formativo al mapear con precisión el nivel real de desempeño por competencia clave

En el ámbito del *retail coaching*, evaluar el nivel de desempeño competencial de los equipos de venta es una práctica esencial para mejorar resultados y reforzar el talento interno. Las competencias no se limitan a los conocimientos técnicos; incluyen también habilidades interpersonales, actitudes y comportamientos observables que inciden directamente en la experiencia del cliente y la rentabilidad del negocio.

Para conocer con precisión el grado de dominio de estas competencias específicas, existen herramientas estructuradas que permiten observar, medir y registrar el desempeño real del personal en su puesto. Estas herramientas combinan enfoques cuantitativos y cualitativos y ayudan a orientar planes de formación, promociones internas y estrategias de mejora continua. Entre ellas destacan las matrices de competencias, las evaluaciones 360°, los KPIs comerciales, las simulaciones y la técnica del *Mystery Shopper*.

Para evaluar el nivel de desempeño competencial en el contexto de **Retail Coaching**, es elemental utilizar herramientas que ofrezcan datos concretos y permitan tomar decisiones de mejora. A continuación, se presentan algunas herramientas clave y cómo aplicarlas de forma práctica:

1. Matrices de competencias

Un cuadro donde se listan las habilidades clave y se evalúa el nivel de competencia de cada empleado/a.

Cómo aplicarlo:

- Define las competencias esenciales para el puesto (ej. atención al cliente, cierre de ventas, gestión de quejas).
- Asigna niveles (Básico, Intermedio, Avanzado).
- Evalúa mediante observación y autoevaluación.

Plantilla de matriz de competencias en *retail coaching*

Competencia	Descripción	Nivel básico	Nivel intermedio	Nivel avanzado	Observaciones
Atención al cliente	Capacidad de interactuar con clientes de manera efectiva, amable y profesional.	☐	☐	☐	
Cierre de ventas	Habilidad para persuadir y cerrar transacciones exitosamente.	☐	☐	☐	
Gestión de objeciones	Capacidad para manejar dudas y preocupaciones de los clientes.	☐	☐	☐	
Conocimiento del producto	Dominio de la información sobre los productos y servicios ofrecidos.	☐	☐	☐	
Trabajo en equipo	Capacidad para colaborar con otros vendedores y equipos internos.	☐	☐	☐	
Gestión del tiempo	Eficiencia en la organización de tareas y atención al cliente.	☐	☐	☐	

Modo de uso:

1. Completa la matriz asignando un nivel de competencia (Básico, Intermedio, Avanzado) a cada empleado/a.
2. Usa observaciones para señalar áreas de mejora o puntos fuertes.
3. Revisa periódicamente los progresos y define acciones de entrenamiento según los resultados.

2. Evaluación 360º

Recopilación de *feedback* desde distintos puntos de vista (supervisor, compañeros, clientes).

Cómo aplicarlo:

- Diseña encuestas cortas con preguntas sobre habilidades comerciales.
- Recoge *feedback* de clientes en el punto de venta.
- Usa los resultados para detectar fortalezas y áreas de mejora.

Plantilla de una evaluación 360º

Datos del evaluado/a:

- Nombre: _____
- Cargo/Puesto: _____
- Fecha de evaluación: //_____

Fuente de *feedback* (marca quién participa en la evaluación):

☐ Supervisor ☐ Compañeros de equipo ☐ Clientes ☐ Autoevaluación

Evalúa cada competencia en una escala de 1 (Deficiente) a 5 (Excelente):

Competencia	Descripción	Puntuación (1-5)	Comentarios/Recomendaciones
Atención al cliente.	Interacción efectiva y calidad en el servicio.	☐ ☐ ☐ ☐ ☐	
Cierre de ventas.	Capacidad de persuadir y concretar compras.	☐ ☐ ☐ ☐ ☐	
Gestión de objeciones.	Resolución de dudas y preocupaciones del cliente.	☐ ☐ ☐ ☐ ☐	
Conocimiento del producto.	Dominio de información sobre bienes y servicios.	☐ ☐ ☐ ☐ ☐	

Evalúa cada competencia en la misma escala (1-5):

Competencia	Descripción	Puntuación (1-5)	Comentarios/Recomendaciones
Comunicación efectiva	Claridad y precisión al interactuar.	☐ ☐ ☐ ☐ ☐	
Trabajo en equipo	Colaboración y apoyo mutuo dentro del grupo.	☐ ☐ ☐ ☐ ☐	
Actitud y compromiso	Motivación y alineación con la visión de la empresa.	☐ ☐ ☐ ☐ ☐	
Adaptabilidad	Capacidad de ajuste a cambios y nuevas estrategias.	☐ ☐ ☐ ☐ ☐	

Puntos fuertes del evaluado:

....

....

....

....

....

....

....

....

Áreas de mejora identificadas:

....

....

....

....

....

....

....

....

Acciones recomendadas para el desarrollo:

....

....

....

....

....

....

....

....

....

Fecha de revisión de mejoras: _____/_____/_____

Responsable del seguimiento: _____

Compromiso del evaluado: _____

3. KPIs de rendimiento comercial

Indicadores clave de rendimiento para medir eficiencia y éxito en ventas.

Cómo aplicarlo:

- Tasa de conversión (clientes atendidos vs. compras realizadas).
- Ticket promedio (valor medio de compras por cliente).
- Tiempo de atención (eficacia en la gestión del proceso de venta).

Fig. 22. Al vincular resultados individuales con métricas concretas, esta herramienta traduce la productividad comercial en acciones de mejora específicas

Plantilla de ejemplo de KPIs de rendimiento comercial

Datos del evaluado/a:

- Nombre: _____
- Cargo/Puesto: _____
- Fecha de evaluación: ___/___/_____

Fuente de datos (Marca las fuentes utilizadas):

☐ Reportes de ventas ☐ Encuestas de clientes ☐ Análisis de productividad

Evalúa cada KPI en función de datos reales y tendencias:

KPI	Descripción	Valor actual	Objetivo	Comentarios/ Recomendaciones
Tasa de conversión	% de clientes que realizan compras vs. total de visitas.	_____%	_____%	
Ticket promedio	Valor medio de cada compra realizada.	€_____	€_____	
Número de transacciones	Cantidad de ventas cerradas en un periodo.	_____	_____	
Productos más vendidos	Artículos con mayor rotación.	_____	_____	

Encuestas y satisfacción:

KPI	Descripción	Valor actual	Objetivo	Comentarios/Recomendaciones
Tiempo medio de atención.	Minutos promedio que tarda un vendedor en atender a un cliente.	_____ min.	_____ min.	
Índice de satisfacción (NPS).	Nivel de recomendación según clientes encuestados.	_____%.	_____%.	
Reclamaciones y devoluciones.	Cantidad de quejas sobre productos o servicio.	_____.	_____.	

Eficiencia operativa:

KPI	Descripción	Valor Actual	Objetivo	Comentarios/Recomendaciones
Cantidad de clientes atendidos por vendedor.	Promedio diario de clientes gestionados.	_____ clientes.	_____ clientes.	
Tiempo de respuesta a consultas.	Velocidad de respuesta en atención y soporte	_____ min.	_____ min.	
Nivel de formación del equipo.	% de empleados capacitados en nuevas estrategias.	_____%.	_____%.	

Observaciones generales:

Áreas críticas a mejorar:

Acciones recomendadas:

Fecha de revisión de avances: //_____
Responsable del seguimiento: _____

4. Simulaciones de venta y *role playing*

Ejercicios prácticos para evaluar habilidades comerciales en escenarios simulados.
Cómo aplicarlo:

- Simular interacciones con clientes difíciles.
- Evaluar la capacidad de adaptación y respuesta ante objeciones.
- Proporcionar *feedback* inmediato y recomendaciones de mejora.

Fig. 22. Los simulaciones de venta sirven para detectar errores habituales en la interacción con el cliente antes de que afecten a la venta real, favoreciendo un entrenamiento proactivo

Plantilla de simulación de venta y *role playing*

Datos del participante:

- Nombre: _____
- Cargo/Puesto: _____
- Fecha de simulación: _____/_____/_____
- Evaluador: _____

Escenario de la simulación:

- **Tipo de Cliente**: (Ej. indeciso, exigente, apresurado) .
- **Producto/Servicio a vender**: _____.
- **Situación específica**: (Ej. lanzamiento de producto, manejo de objeciones).
- **Objetivo de la simulación**: (Ej. cerrar la venta, fidelizar al cliente, resolver .una objeción).

Desarrollo de la simulación:

Fases del proceso de venta:

Etapa	Descripción	Comentarios
Saludo y conexión inicial.	Forma de interactuar y captar la atención del cliente.	
Detección de necesidades.	Preguntas y análisis para comprender lo que busca el cliente.	
Presentación del producto.	Explicación clara y atractiva de beneficios y características.	
Manejo de objeciones.	Estrategias para responder dudas o preocupaciones del cliente.	
Cierre de la venta.	Técnicas utilizadas para concretar la compra.	
Despedida y fidelización.	Cómo se asegura la satisfacción y futuras compras.	

Evaluación del desempeño:

Valoración del participante en cada etapa (1-5):

Competencia	Descripción	Puntuación (1-5)	Comentarios/Recomendaciones
Seguridad y comunicación.	Confianza al hablar, contacto visual, tono adecuado.	☐ ☐ ☐ ☐ ☐	
Empatía y conexión.	Capacidad para generar confianza con el cliente.	☐ ☐ ☐ ☐ ☐	
Argumentación comercial.	Explicación efectiva del producto/servicio.	☐ ☐ ☐ ☐ ☐	
Gestión de objeciones.	Respuesta rápida y efectiva a dudas del cliente.	☐ ☐ ☐ ☐ ☐	
Técnicas de cierre.	Uso de estrategias para concretar la compra.	☐ ☐ ☐ ☐ ☐	

Análisis y plan de mejora:

Aspectos positivos detectados:

Áreas a mejorar:

Acciones recomendadas para el desarrollo:

Fecha de seguimiento: ____/_____/_____

Responsable del seguimiento: _____

5. Evaluaciones Mystery Shopper

Clientes ficticios que analizan la calidad del servicio de manera objetiva.

Cómo aplicarlo:

- Definir criterios de evaluación (trato, rapidez, conocimiento del producto).
- Enviar "clientes misteriosos" para evaluar la experiencia real.
- Usar los informes para mejorar la formación del equipo.

Fig. 23. Las evaluaciones Mystery Shopper brindan una visión imparcial sobre la experiencia del cliente que muchas veces el equipo no percibe, revelando detalles clave para fidelizar

Plantilla de evaluación Mystery Shopper

Datos del evaluador (*Mystery Shopper*)

- Nombre/Código de Evaluador: _____.
- Fecha de visita: ____ / _____ / _____
- Ubicación del punto de venta: _____.
- Producto/Servicio evaluado: _____.

Observaciones sobre la experiencia inicial del cliente:

Aspecto evaluado	Descripción	Puntuación (1-5)	Comentarios/Recomendaciones
Limpieza y orden.	Estado del establecimiento y presentación visual.	☐ ☐ ☐ ☐ ☐	
Bienvenida del personal.	Atención al llegar, saludo y actitud.	☐ ☐ ☐ ☐ ☐	
Tiempo de espera inicial.	Rapidez en la recepción y primer contacto.	☐ ☐ ☐ ☐ ☐	

Evaluación de la interacción con el personal de ventas:

Aspecto evaluado	Descripción	Puntuación (1-5)	Comentarios/Recomendaciones
Conocimiento del producto.	Seguridad y claridad al describir características.	☐ ☐ ☐ ☐ ☐	
Empatía y actitud.	Nivel de conexión y disposición para ayudar.	☐ ☐ ☐ ☐ ☐	
Resolución de dudas y objeciones.	Capacidad de respuesta a preguntas del cliente.	☐ ☐ ☐ ☐ ☐	

Evaluación del proceso de compra:

Aspecto evaluado	Descripción	Puntuación (1-5)	Comentarios/Recomendaciones
Calidad de la recomendación.	Relevancia de la oferta según necesidades del cliente.	☐ ☐ ☐ ☐ ☐	
Técnicas de cierre de venta.	Intento efectivo para concretar la compra.	☐ ☐ ☐ ☐ ☐	
Despedida y fidelización.	Cuidado en la experiencia final del cliente.	☐ ☐ ☐ ☐ ☐	

Aspectos positivos detectados:

Áreas a mejorar:

Recomendaciones para optimizar la experiencia:

Fecha de seguimiento: _____/_____/_____
Responsable del seguimiento: _____

7. Análisis de casos prácticos

En este epígrafe se aplicarán todos los conocimientos adquiridos mediante el análisis de situaciones reales del entorno comercial. El objetivo es aprender a diagnosticar problemas, seleccionar herramientas de *retail coaching* y diseñar una solución viable. Tras analizar estos dos casos, se va a observar cómo el Retail Coaching permite identificar bloqueos en el equipo, clarificar objetivos, utilizar herramientas efectivas y diseñar soluciones concretas que impactan tanto en las personas como en los resultados comerciales.

Fig. 24. El Retail Coaching es más eficaz cuando se adapta a los retos concretos del punto de venta

Caso práctico 1: Bajo rendimiento y desmotivación en tienda multimarca

Una tienda de moda multimarca en un centro comercial ha detectado que las ventas han descendido un 20% en los últimos tres meses. El equipo de ventas, compuesto por cuatro personas, muestra poca iniciativa, baja implicación con el cliente y falta de entusiasmo. No se están aplicando los protocolos de atención establecidos y los turnos rotativos están generando conflictos internos.

Análisis:
- **Problemas observados:** baja motivación, falta de objetivos claros, clima interno negativo.
- **Consecuencias:** descenso de ventas, mala experiencia del cliente, deterioro de la cultura de marca.

Solución aplicada:

1. Diagnóstico con modelo GROW:
- **Meta**: Recuperar un clima laboral positivo y aumentar las ventas un 15% en dos meses.
- **Realidad**: Desmotivación por falta de reconocimiento, turnos poco equitativos y falta de liderazgo.
- **Opciones**: Reunión de *feedback*, reorganización de turnos, establecimiento de objetivos de ventas claros y alcanzables.
- **Voluntad**: Compromiso individual con plan de seguimiento quincenal.

2. Herramientas utilizadas:
- Sesiones de *feedback* individuales y grupales.
- Plan de incentivos semanal.
- Planificación equitativa de horarios mediante Google Calendar compartido.

3. Indicadores de mejora:
- % de cumplimiento de objetivos.
- Encuesta interna sobre clima laboral.
- NPS (Net Promoter Score) de clientes al final de la compra.

Caso práctico 2: Desalineación entre equipo de ventas y reposicionamiento de marca

Una cadena de tiendas de tecnología ha rediseñado su imagen de marca para centrarse en un cliente más joven y digital. Sin embargo, el equipo de ventas (de más de 40 años en su mayoría) sigue aplicando un enfoque tradicional, no conoce las nuevas herramientas digitales y evita hablar de servicios en la nube, suscripciones o compras online, lo que genera confusión en el cliente.

Análisis

- **Problemas observados**: falta de alineación con la nueva misión y visión, resistencia al cambio, carencia de formación digital.
- **Consecuencias**: pérdida de clientes jóvenes, incoherencia en la imagen de marca, frustración del personal.

Solución aplicada

1. **Alineación estratégica:**
   - Reunión inicial para presentar la nueva misión y visión de la empresa.
   - Espacio de escucha activa para conocer resistencias y propuestas del equipo.

2. **Intervención con herramientas de Retail Coaching:**
   - Cuestionamiento: ¿Qué conocimientos creen que les falta? ¿Qué les motiva de esta nueva etapa?
   - Formación práctica en servicios digitales adaptada al lenguaje del equipo.
   - Establecimiento de mentores internos (jóvenes con experiencia digital).

3. **Plan de acción:**
   - Microformaciones semanales de 20 minutos sobre temas concretos.
   - Reto gamificado con premios simbólicos por aplicar herramientas digitales en las ventas.
   - Revisión mensual con análisis de KPIs (ventas en productos digitales, satisfacción de cliente, autoevaluación del equipo).

Fig. 25. Escuchar al equipo y formular buenas preguntas puede ser el primer paso para cambiar una tienda entera

Caso práctico 3: Falta de implicación en la venta cruzada en tienda deportiva

En una tienda de artículos deportivos, el equipo de ventas tiene buenos resultados en productos principales (zapatillas, ropa técnica), pero no aplica técnicas de venta cruzada. Productos complementarios como calcetines técnicos, mochilas o botellas reutilizables apenas se venden. Aunque se ha formado al personal en estrategias de *upselling*, no hay seguimiento ni implicación real.

Análisis:

- **Problemas observados**: desconocimiento práctico de las técnicas de venta cruzada, falta de seguimiento, ausencia de objetivos específicos.
- **Consecuencias**: pérdida de oportunidades de ingreso, experiencia de cliente incompleta, baja rentabilidad por *ticket*.

Solución aplicada:

1. Diagnóstico inicial

- Se realiza una observación directa en tienda y se detecta que los vendedores no introducen productos complementarios en el discurso comercial.
- Se entrevista al personal y expresan que "no quieren parecer insistentes" o "no saben cómo introducir otros productos".

2. Plan de acción con herramientas de *retail coaching*:

- Objetivo (modelo GROW): aumentar en un 30% la venta de productos complementarios en 6 semanas.
- Formación práctica y *role play*: se organizan pequeñas sesiones prácticas de 15 minutos cada semana, con ejemplos reales y simulaciones.
- Cuestionamiento constructivo: se trabaja cómo introducir preguntas abiertas al cliente ("¿Ya tienes mochila para esto?" o "¿Sueles llevar agua contigo cuando entrenas?").

3. Seguimiento y motivación:

- Se establecen minirretos semanales con metas claras y premios internos (por ejemplo, elegir la música de la tienda).
- Se miden los productos vendidos por empleado mediante informe semanal y se celebra públicamente el esfuerzo, no solo el resultado.

4. Resultados esperados:

- Mejora de la implicación del equipo.
- Aumento progresivo del ticket medio.
- Mayor satisfacción del cliente por sentir una atención más completa.

Fig. 26. La mejora del rendimiento comercial comienza cuando se traducen los problemas cotidianos en acciones medibles y planificadas

Caso práctico 4: Falta de cohesión entre equipos en tienda por departamentos

Una gran tienda por departamentos de hogar, textil y electrónica tiene tres secciones con equipos diferentes. Cada equipo trabaja en su zona, pero no existe comunicación entre ellos ni cultura compartida. Esto genera problemas en los días de alta afluencia (fines de semana), donde los clientes necesitan ser derivados entre secciones o recibir atención más transversal. El cliente lo percibe como "frialdad" o "falta de atención integral".

Análisis:

- Problemas observados: trabajo en silos, falta de cooperación, visión de equipo fragmentada.
- Consecuencias: mala experiencia del cliente, tiempos de espera, baja percepción de profesionalidad.

Solución aplicada:

1. Diagnóstico del problema:

- Se observa el comportamiento durante tres fines de semana: cada sección opera como un equipo independiente, sin interacción.
- Se identifican situaciones donde un cliente espera varios minutos porque "eso lo lleva otra compañera".

2. Intervención desde el *retail coaching*:

- Sesión conjunta inicial: se realiza una sesión de reflexión con representantes de las tres secciones. Se visibiliza cómo esto afecta a los resultados globales.
- Planteamiento de una meta común: mejorar la experiencia global del cliente y reducir los tiempos de espera.
- Definición de roles compartidos: se establece una figura rotativa de "conector de zona" en horarios punta.

3. Herramientas aplicadas:

- *Feedback* entre equipos: se introducen espacios breves de evaluación cruzada semanal.

- Cuestionamiento y misión común: se refuerza la idea de que el cliente no ve "secciones", sino una sola tienda. ¿Qué mensaje queremos transmitir como equipo?

4. Indicadores de mejora:

- Tiempo medio de espera.

- Encuestas breves de satisfacción.

- Colaboración cruzada observada (número de derivaciones bien ejecutadas, apoyo entre secciones).

 Anotación

Estos casos prácticos muestran cómo el *retail coaching* puede ayudar a resolver situaciones comunes en el entorno comercial. Cuando se aplican bien sus herramientas, como el modelo GROW, el *feedback* o el cuestionamiento, es posible mejorar tanto el ambiente de trabajo como la atención al cliente. En cada ejemplo se ha partido de un problema real y se ha trabajado paso a paso para encontrar soluciones concretas y realistas. Esto demuestra que, con un buen acompañamiento, el equipo puede recuperar la motivación, adaptarse mejor a los cambios y ofrecer una experiencia más coherente al cliente. Al final, lo que se consigue es un comercio más ágil, más conectado con las personas y más preparado para seguir mejorando.

Resumen

El *retail coaching* pone el foco en la persona que está detrás de cada interacción comercial. A través de la escucha activa y la empatía, el entrenamiento en estas habilidades permite al equipo reconocer comportamientos, adaptar el estilo de comunicación y generar confianza.

La planificación de objetivos en el ámbito del *retail coaching* permite transformar las intenciones comerciales en acciones concretas. Establecer metas SMART ayuda a enfocar los esfuerzos del equipo de ventas, mientras que el uso de métricas y KPI facilita el seguimiento y el ajuste continuo de la estrategia.

El desarrollo de una relación sólida con los clientes pasa por la coherencia entre los valores de la empresa y el trato recibido en tienda. Formar al personal como embajadores de la marca, ofrecer un servicio personalizado y mantener una presencia omnicanal integrada son elementos clave para fidelizar al cliente y reforzar la identidad comercial.

La eficiencia organizacional en *retail* se apoya en métodos estructurados que mejoran tanto la productividad como el desarrollo profesional del equipo. El modelo GROW proporciona una secuencia lógica para fijar metas como del cuestionamiento estratégico ayudan a los vendedores a detectar sus puntos fuertes, corregir inercias negativas y asumir un papel más autónomo en su mejora.

La gestión del tiempo se convierte en un eje operativo clave: clasificar tareas con la matriz de Eisenhower, limitar distracciones cotidianas y utilizar herramientas como Google Calendar permite priorizar mejor, evitar duplicidades y sostener la organización diaria sin depender de recordatorios verbales ni supervisión constante.

Para evaluar la experiencia del cliente, el indicador más extendido es el Net Promoter Score (NPS), que se basa en una sola pregunta sobre la recomendación del negocio. En cuanto a la eficiencia interna, destacan los indicadores sobre disponibilidad de producto, tiempo de atención al cliente y pérdidas por falta de stock. Para organizar estos datos, se recomienda el uso de dashboards digitales como Looker Studio y herramientas CRM como HubSpot.

Por otro lado, los KPIs comerciales proporcionan indicadores objetivos que miden la eficacia en ventas. Las simulaciones de venta o *role playing* permiten entrenar y evaluar la respuesta del personal ante situaciones reales. Finalmente, la técnica del Mystery Shopper aporta una evaluación externa e imparcial del servicio ofrecido, desde la perspectiva del cliente. Estas herramientas proporcionan información valiosa para optimizar la experiencia de compra y mejorar el rendimiento del equipo comercial.

Finalmente, el análisis de los cuatro casos prácticos permite observar cómo el Retail Coaching se convierte en una herramienta útil y flexible para afrontar distintos tipos de conflictos en el ámbito comercial.

Glosario

Acompañamiento *on-the-job*

Proceso de *coaching* que se realiza en el mismo lugar de trabajo, observando, orientando y reforzando el desempeño del equipo en tiempo real.

Coaching en _retail_

Enfoque de acompañamiento profesional centrado en potenciar las habilidades del personal de ventas mediante técnicas de mejora continua, reflexión y acción.

CRM (*Customer Relationship Management*)

Sistema para gestionar las relaciones con los clientes y su historial de compras e interacciones.

Embajador de marca

Persona que representa los valores y la imagen de una empresa en sus interacciones con clientes.

Experiencia omnicanal

Integración coherente de los distintos canales de venta y comunicación de una empresa.

Feedback

Técnica de comunicación que permite ofrecer retroalimentación constructiva para mejorar el rendimiento y la actitud profesional.

Fidelización

Estrategia para lograr que los clientes repitan sus compras y se mantengan fieles a la marca.

Gamificación

Uso de elementos lúdicos en entornos no recreativos, como las ventas, para motivar y reforzar el aprendizaje del equipo.

KPI (*Key Performance Indicator*)

Indicador clave de rendimiento que mide el desempeño de una actividad específica mediante datos cuantificables.

Modelo GROW

Metodología de coaching basada en cuatro fases (*Goal, Reality, Options, Will*) para mejorar el rendimiento y alcanzar objetivos concretos.

Net Promoter Score (NPS)

Indicador que mide la probabilidad de que un cliente recomiende la empresa a otras personas.

Objetivo SMART

Meta definida como específica, medible, alcanzable, relevante y temporal.

Recurrencia

Frecuencia con la que un cliente vuelve a comprar en el mismo establecimiento.

Retail Coaching

Metodología de acompañamiento en el comercio orientada a mejorar el rendimiento del equipo y la experiencia del cliente.

Role playing

Técnica formativa basada en la simulación de situaciones reales para observar y mejorar habilidades prácticas.

Safety Car (retail)

Metáfora que describe el papel del *retail coaching* como herramienta para pausar, reorganizar y relanzar la tienda con más solidez.

Venta cruzada (*cross-selling*)

Técnica de ventas que consiste en ofrecer productos complementarios al principal que el cliente desea adquirir.

Ejercicios de autoevaluación

1. **¿Cuál es uno de los principales objetivos del *retail coaching*?**

   a. Incrementar las ventas mediante campañas publicitarias

   b. Sustituir a los responsables de tienda por consultores externos

   c. Alinear los objetivos de la empresa con el desarrollo del personal

   d. Automatizar las tareas del punto de venta

2. **¿Qué busca fomentar el *retail coaching* entre los empleados?**

   a. La competitividad interna.

   b. La autonomía, la motivación y la responsabilidad.

   c. La rotación constante de funciones.

   d. El trabajo en remoto.

3. **¿Qué actitud favorece una experiencia memorable para el cliente?**

   a. Vender sin conversación.

   b. Cerrar la venta en el menor tiempo posible.

   c. Acompañar con atención, detalle y coherencia.

   d. Priorizar tareas internas sobre la atención.

4. **¿Qué impacto tiene un equipo motivado en tienda?**

   a. Reduce las ventas por exceso de entusiasmo.

   b. Disminuye la necesidad de supervisión.

   c. Mejora la experiencia del cliente y refuerza la fidelización.

   d. Hace que los clientes esperen menos.

5. La segmentación del mercado permite:

a. Ampliar el horario comercial sin modificar la estrategia de ventas.

b. Dividir al equipo de ventas en turnos iguales.

c. Agrupar a los clientes según criterios comunes para adaptar la estrategia.

d. Limitar el acceso de ciertos clientes a promociones.

6. La experiencia omnicanal implica:

a. Vender exclusivamente a través de redes sociales.

b. Aplicar los mismos precios en todas las tiendas.

c. Ofrecer una atención coherente y conectada entre canales digitales y físicos.

d. Evitar el uso de canales digitales en la atención al cliente.

7. En el modelo GROW, ¿qué representa la fase "Reality"?

a. Crear nuevos objetivos.

b. Analizar la situación actual.

c. Valorar ideas.

d. Celebrar los logros.

8. ¿Qué objetivo principal tiene la matriz de competencias en el contexto del *retail coaching*?

a. Clasificar al personal según su nivel de ventas.

b. Evaluar la rotación de productos en tienda.

c. Determinar el nivel competencial de cada empleado.

d. Medir la satisfacción del cliente.

9. ¿Cuál es una de las finalidades del uso del *Mystery Shopper?*

    a. Detectar fallos reales en la atención sin sesgo interno.

    b. Entrenar habilidades comunicativas en equipo.

    c. Identificar candidatos para promoción.

    d. Hacer estudios de mercado avanzados.

10.¿Qué tipo de reto se introdujo en la tienda deportiva para aumentar la implicación del personal?

    a. Formación presencial.

    b. Reto gamificado con premios simbólicos.

    c. Evaluación externa.

    d. Eliminación de objetivos individuales.

Módulo 1. Retail coaching. Estrategias de gestión comercial

Formas parte del equipo de una tienda de ropa urbana ubicada en una zona céntrica de tu ciudad. En los últimos meses, las ventas han bajado ligeramente y algunos miembros del equipo muestran signos de desmotivación. El gerente quiere aplicar principios de retail coaching para recuperar el buen ambiente y mejorar los resultados.

Piensa en una situación común que puede ocurrir en el punto de venta (real o imaginada) e identifica al menos dos comportamientos o actitudes que puedan afectar negativamente al equipo o a la experiencia del cliente.

A continuación, formula dos preguntas abiertas al estilo coaching que ayudarían a un compañero o compañera a reflexionar sobre su actitud o su forma de trabajar; y propón una pequeña acción de mejora que se pueda aplicar desde dentro del equipo, sin necesidad de recursos externos.

Trabajas en una tienda especializada en tecnología de consumo. En un mismo día, entran tres clientes distintos:

- **Cliente A**: una persona joven que afirma estar "muy informada" y busca un móvil de alta gama.
- **Cliente B**: una persona mayor que pregunta por una *tablet* "fácil de usar" para comunicarse con sus nietos.
- **Cliente C**: un cliente indeciso que ha venido varias veces sin comprar y hoy vuelve a mirar auriculares inalámbricos.

Teniendo en cuenta esta información:

1. Describe el estilo de comunicación y acompañamiento que aplicarías con cada cliente.
2. Elige un producto para cada uno e indica cómo adaptarías la argumentación para destacar su valor.
3. Explica una acción concreta de personalización que podrías aplicar en cada caso para mejorar la experiencia (ej. seguimiento, demostración, propuesta alternativa, etc.).
4. ¿Qué habilidades del retail coaching has aplicado en tu propuesta? ¿Qué impacto tendría esa atención diferenciada en la percepción del cliente?

Eres encargado/a de un pequeño comercio de moda sostenible ubicado en el centro de Valencia. En los últimos meses, ha notado que, aunque el tráfico en tienda es constante, las ventas no terminan de despegar y el número de clientes fieles no crece. Además, ha detectado que muchas personas siguen a la marca en redes sociales, pero pocas terminan comprando en la tienda física o en la *web*.

Para mejorar la situación, decides aplicar una estrategia de retail-coaching basada en dos pilares: la planificación de objetivos SMART y la mejora de la relación con el cliente. Para ello, debes diseñar un plan de acción estructurado que incluya la siguiente información:

- Define tres objetivos SMART adaptados a su contexto (uno vinculado a ventas, otro a fidelización y otro al canal online).
- Segmenta a su clientela potencial en al menos dos perfiles diferentes y propón una acción comercial adaptada a cada uno.
- Redacta una propuesta de misión y visión para su tienda de moda sostenible, alineadas con su filosofía y valores (materiales éticos, producción local, atención personalizada...).
- Describe el papel del equipo de ventas en la experiencia de cliente y su relación con la imagen de marca. ¿Qué formación o cambios propondrías para convertirlos en embajadores de la marca?

Imagina que eres responsable de una tienda de productos ecológicos ubicada en una zona comercial con mucha afluencia. Aunque el equipo de ventas es amable y tiene buena formación, has detectado que una nueva empleada no está alcanzando los objetivos semanales de venta cruzada (upselling). Sin embargo, los clientes valoran muy positivamente su atención y cercanía.

Por ello, planificas una sesión de retail coaching con ella dónde vas a utilizar herramientas como el modelo GROW, el cuestionamiento constructivo, el feedback positivo y una técnica de organización del tiempo basada en la matriz de Eisenhower.

1. Diseña una sesión breve aplicando el modelo GROW a esta situación:

- Establece un objetivo concreto (Goal).
- Describe la realidad actual (Reality).
- Plantea al menos tres opciones (Options).
- Define una acción con compromiso (Will).

2. Escribe cinco preguntas abiertas tipo coaching que podrías usar para ayudarla a reflexionar sobre su forma de recomendar productos.

3. Redacta un ejemplo de feedback positivo y otro de mejora que podrías darle, teniendo en cuenta que se quiere reforzar su estilo cercano, pero mejorar sus resultados de upselling.

4. Organiza sus tareas en la matriz de Eisenhower (urgente/importante):

- Atender a un cliente interesado en un producto premium.
- Revisar su conocimiento de la gama de productos complementarios.
- Reorganizar una estantería con productos con baja rotación.
- Contestar un correo de RRHH sin fecha límite.

Eres responsable de una tienda de ropa urbana. Durante los últimos dos meses, has notado una caída en las ventas, a pesar de que el número de visitantes a la tienda se mantiene estable. El equipo está motivado, pero no se han detectado errores evidentes en la atención ni en la exposición del producto. Decides analizar los indicadores clave para tomar decisiones informadas.

Datos disponibles del último mes:

- Visitas registradas: 2.400.
- Ventas realizadas: 600.
- Ticket medio: 24,50 €.
- Margen de beneficio medio: 38 %.
- Porcentaje de clientes recurrentes (según tarjeta de fidelización): 18 %.
- NPS: +12.
- Tiempo medio de atención: 7 minutos.
- Disponibilidad media del lineal: 87 %.
- Ventas no realizadas por falta de stock: 45.

Teniendo en cuenta esta información:

1. Calcula el ratio de conversión y valora si está dentro de un rango saludable.
2. Analiza el ticket medio y el margen de beneficio. ¿Son suficientes para sostener la rentabilidad del negocio?
3. Interpreta el valor del NPS. ¿Cómo está la percepción del cliente?
4. Revisa los indicadores de eficiencia operativa y detecta posibles cuellos de botella.
5. Propón tres acciones concretas de mejora a corto plazo basadas en el análisis de datos.

Ejercicio de evaluación final

1. **¿Cuál es una característica destacada del *retail coaching*?**

   a. Se centra exclusivamente en la venta online.

   b. Utiliza técnicas de coaching para mejorar el desempeño del equipo comercial.

   c. Reemplaza totalmente al departamento de marketing.

   d. Solo se aplica a empresas tecnológicas.

2. **¿Qué se busca principalmente con la escucha activa en la relación con el cliente?**

   a. Memorizar sus datos personales.

   b. Ofrecer descuentos más agresivos.

   c. Detectar matices emocionales y mejorar la conexión.

   d. Cerrar la venta lo más rápido posible.

3. **¿Qué elemento debe contener un objetivo SMART para ser eficaz?**

   a. Debe estar escrito en inglés.

   b. Debe centrarse solo en ventas online.

   c. Debe ser específico, medible, alcanzable, relevante y temporal.

   d. Debe ser aprobado por todos los clientes.

4. **¿Qué representa la fase "Will" del modelo GROW?**

   a. Evaluar el entorno de competencia.

   b. Medir la productividad de la empresa.

   c. Comprometerse con un plan de acción.

   d. Comparar resultados con otras tiendas.

5. ¿Qué mide el indicador "ratio de conversión"?

    a. El número de visitas a la web de la tienda.

    b. La proporción entre ventas y entradas al establecimiento.

    c. La cantidad de productos por cada pedido.

    d. El total de productos vendidos.

6. ¿Cuál es una diferencia entre *mentoring* y *retail coaching*?

    a. El *mentoring* usa indicadores, el *retail coaching* no.

    b. El *retail coaching* es a largo plazo, el *mentoring* es puntual.

    c. El *mentoring* es más informal y a largo plazo, el *retail coaching* es estructurado y orientado a metas.

    d. Ambas técnicas son equivalentes.

7. ¿Por qué es importante adaptar el lenguaje verbal y no verbal al cliente?

    a. Para que compre sin preguntar.

    b. Para manipular al cliente.

    c. Para facilitar la comunicación y evitar malentendidos.

    d. Para aumentar el número de visitas en tienda.

8. ¿Qué utilidad tiene la segmentación de mercado en *retail coaching*?

    a. Determinar qué empleados se deben despedir.

    b. Adaptar las estrategias a perfiles de clientes concretos.

    c. Crear una única estrategia universal.

    d. Clasificar productos por precio.

9. ¿Para qué se utiliza el cuestionamiento estratégico?

a. Para corregir errores de forma directa.

b. Para promover el autoconocimiento y el aprendizaje.

c. Para enseñar productos técnicos complejos.

d. Para reducir el número de empleados.

10. ¿Qué es el *ticket* medio?

a. El coste de los productos más caros.

b. El número de *tickets* anulados por error.

c. El valor medio que gasta un cliente por compra.

d. El número total de *tickets* emitidos por día.

11. ¿Qué metáfora se utiliza para explicar el *retail coaching* como elemento de reorganización?

a. El semáforo digital.

b. El control remoto.

c. El Safety Car.

d. El triángulo del éxito.

12. ¿Qué se considera una objeción bien gestionada?

a. La que se responde de inmediato.

b. La que permite reforzar el vínculo con el cliente.

c. La que se ignora para evitar tensión.

d. La que se responde con frases genéricas.

13.¿Cuál es el objetivo de alinear misión y visión con la experiencia del cliente?

a. Disminuir el número de visitas físicas.

b. Que el equipo venda más caro.

c. Transmitir coherencia y reforzar la identidad de marca.

d. Aumentar la presión de venta al cliente.

14.¿Qué propósito tiene el *feedback* dentro del *retail coaching*?

a. Penalizar el mal desempeño.

b. Felicitar únicamente cuando se logran ventas.

c. Proporcionar información concreta para mejorar o reforzar comportamientos.

d. Evaluar la calidad del escaparate.

15.¿Qué es el Net Promoter Score (NPS)?

a. Un sistema para valorar los productos por su precio.

b. Un indicador que mide la probabilidad de que recomienden la tienda.

c. Una red social para tiendas minoristas.

d. Un sistema de fidelización para clientes VIP.

16.¿Qué papel juega el *feedback* en el *retail coaching*?

a. Es secundario frente a los descuentos.

b. Sirve para castigar errores.

c. Es continuo y ayuda a reforzar o redirigir comportamientos.

d. Solo se da una vez al año.

17.¿Qué actitud se recomienda ante un cliente reservado que evita contacto visual?

    a. Insistir hasta obtener respuesta.

    b. Ignorarlo si no se muestra interesado.

    c. Respetar su espacio y ofrecer ayuda sin presionar.

    d. Hacerle preguntas cerradas hasta obtener una compra.

18.¿Qué se consigue al trabajar con KPI en un punto de venta?

    a. Saber qué producto tiene más colores.

    b. Reemplazar al personal humano por datos.

    c. Medir el rendimiento y tomar decisiones informadas.

    d. Eliminar la necesidad de hacer informes.

19.¿Para qué se utiliza la matriz de Eisenhower?

    a. Para decidir promociones agresivas.

    b. Para segmentar a los clientes por edad.

    c. Para organizar las tareas según urgencia e importancia.

    d. Para elegir entre tiendas físicas u *online*.

20.¿Qué ventaja tiene usar un *dashboard* digital como Looker Studio en *retail coaching*?

    a. Permite comprar productos más rápido.

    b. Se conecta con redes sociales.

    c. Permite visualizar y analizar indicadores clave en tiempo real.

    d. Genera clientes de forma automática.

Solucionario

Módulo 1. Retail coaching. Estrategias de gestión comercial

1. c

2. b

3. c

4. c

5. c

6. c

7. b

8. c

9. a

10. b

Bibliografía

Monografía

MAHÉ, BENOÎT (2015). *Retail coaching (2ª ED.)*. BRESCA (PROFIT EDITORIAL).

   Este libro explica las mejores técnicas del coaching y de la PNL (Programación Neuro-Lingüística) aplicadas en la formación de personal en el sector del comercio de manera práctica y amena, entregando así las claves para la productividad sostenible.El retail coaching se está imponiendo en las cadenas de tiendas como disciplina que ayuda a incrementar la productividad de los vendedores, en base a compromiso y formación. Los métodos de trabajo descritos por Benoit Mahé permiten un alineamiento entre los objetivos de empresa y los retos individuales.

Webgrafía

¿Cómo motivar a los empleados en tiendas y hacer crecer un negocio?
https://www.rrhhdigital.com/editorial/89143/Como-motivar-a-los-empleados-en-tiendas-y-hacer-crecer-un-negocio/

¿En qué consiste el *Retail Coaching*?
https://www.capkelenn.com/retail-coaching/

Qué es el método GROW y cómo formular tus objetivos
https://www.iebschool.com/hub/que-es-el-metodo-grow-y-como-formular-tus-objetivos-relaciones-laborales/

¿Qué es el *retail coaching*? 3 definiciones
https://www.merca20.com/retail-coaching-3-definiciones/

Qué es *retail*, definición y características
https://www.retail360.es/que-es-retail-definicion-y-caracteristicas/

Bibliografía

Qué es un *mystery shopper* y cuál es su función

https://www.questionpro.com/blog/es/como-hacer-un-estudio-mystery-shopper/